나무 부자들

송광섭 지음

빠른거북이

발행일	2012년 5월 31일 초판 1쇄 발행
	2013년 11월 12일 초판 14쇄 발행
지은이	송광섭
발행인	방득일
기 획	김경우
편 집	신윤철
디자인	강수경
마케팅	김지훈
발행처	빠른거북이
주 소	서울시 중구 묵정동 31-2 2층
전 화	02-2269-0425
팩 스	02-2269-0426
e-mail	nurio1@naver.com

ISBN 978-89-97206-04-9 13370

※ 책값은 뒤표지에 있습니다.
※ 잘못된 책은 구입처에서 교환하여 드립니다.
※ 이 책은 저작권법에 의하여 보호를 받는 저작물이므로 무단 전재와 무단 복제를 금합니다.

큰 나무도 가느다란 가지에서 시작되는 것이다.
마지막에 이르기까지 처음과 마찬가지로
주의를 기울이면 어떤 일도 해낼 수 있다.

- 노자 -

저자의 말

왜 지금 나무가 돈이 되는가?

하루에도 수많은 재테크 서적이 쏟아져 나온다. 아파트 상가 투자 10억 벌기, 주식투자로 100배 수익 내기, 창업 대박 전략 등. 월급쟁이로서 뾰족한 가외 수입을 챙길 수 없는 상황에서 이런저런 투자 유혹들이 직장인들을 가만 놔두지 않는다.

그러나 부동산 불패 신화는 이미 무너진 상황이고, 무턱대고 주식시장에 뛰어들었다가는 낭패를 보기 십상이다. 과거와 같은 대박은 먼 세상 얘기가 됐고, 본격적인 저금리 시대를 맞아 은행이자로는 도저히 재미를 볼 수 없는 세상이 됐다.

요즘 들어 투자 대안으로 수익형부동산 임대수익사업이나 각종 금융파생상품이 부각되고 있지만 큰 욕심을 부려서는 안 된다. 바쁘게 발품을 들여 푼푼이 돈을 모은다는 생각으로 임해야만 소기의 목적을 달성할 수 있다. 한마디로 떼돈을 벌 수 있다는 환상을 과감히 접어야 한다는 얘기다.

그렇다고 부동산이나 주식시장에서 완전히 손을 떼라는 말은 아니다. 본격적으로 분산투자·장기투자시대가 열린 만큼 기존 재테크 포트폴리오에 나무투자를 끼워 넣으면 된다. 이런 관점에서 투자 바구니를 하나 더 준비할 필요가 있다. 당장 모든 것을 나무투자에 올인할 수는 없다. 기존 투자를 지속하되 정리할 것은 정리를 하고, 나무투자에 대한 비중을 늘려나가면 된다.

　누구나 부자가 되고 싶어 한다. 그러나 당장 단기적인 목적의 투자를 통해 돈을 벌려고 해서는 안 된다. 모든 부는 하루아침에 이뤄지지 않는다. 숱한 시행착오와 끊임없는 노력, 철저한 정보 수집, 운동화 바닥이 다 닳도록 발품을 들이는 자만이 과실의 달콤함을 맛볼 수 있다. 나만은 성공하겠지라는 요행심은 쓰라린 고통만을 안겨준다.

　정직한 투자로 튼실한 부를 이룰 수 있는 방법은 없을까? 때 묻은 돈을 챙기려고 하기보다 자연을 벗 삼아 차곡차곡 재테크를 하면서 자신의 건강도 챙길 수 있는 일석 삼조의 투자방법 중 하나가 나무다.

　조금만 인내심을 갖고 나무에 투자한다면, 처음에는 작지만 시간이 흐를수록 무럭무럭 커지는 나무를 보며 소담스러운 만족감과 기쁨을 느끼기에 충분할 것이다. 땀을 흘리는 노동의 참맛을 느끼면서 어렵게 모은 재산은 결코 쉽게 새나가지 않을 것이다.

　나무투자에는 색다른 매력이 있다. 다른 투자처럼 마음을 졸일 필요없이 느긋한 마음으로 조금씩 준비하면 된다. 무엇보다 중요한 것은 나무에 대한 사랑과 장기적인 투자 안목이다.

　"나무는 거짓말을 안 합니다" 나무 농사꾼들이 한결같이 하는 말이다.

　나무투자는 채소처럼 타산이 맞지 않아 밭을 갈아엎을 일은 없

저자의 말

다. 기대 이하의 가격에 팔아야 할 일도 있지만 결코 깡통계좌는 되지 않는다. 이것이 나무 재테크의 매력이자 장점이다.

나무는 다른 투자 수단과 다르다. 나무가 성장하는 것과 같이, 하루아침에 횡재를 하는 것이 아니라 매년 돈이 불어나는 수익구조를 가지고 있다. 아무리 나무 경기가 좋지 않아도 은행이자 보다는 높은 수익이 보장된다.

돈만 벌면 된다는 식의 약삭빠른 단기 투자가 아니라 보는 이들에게 정서적인 풍요와 안정감까지 선사해줄 수 있는 공익성도 담보하고 있다.

나무는 인간에게 나눔이 무엇이고 사랑이 무언인지를 알려준다. 인간의 마음을 닦아주고 덕성을 길러주며 풍요로운 행복감도 선사한다. 아낌없이 주는 게 나무다.

나무에 투자하는 사람들은 자연의 소중한 가치와 의미를 덤으로 챙길 수 있다. 사람의 아픈 마음을 다독여주고 치료해주고 힘을 주는 정서 산업의 일종이기 때문이다. 나무를 포함한 식물은 우리 삶을 지탱해주는 에너지의 근간이자 모태이다. 나무를 키우다 보면 자연의 진리와 섭리를 자연스럽게 체득하게 된다.

큰 부를 이루는 꿈을 꿔보자. 긴 안목으로 말이다. 내 대(代)에 모든 것을 얻으려 말고 대대손손 부자가 되기 위해서는 누군가 기반을 마련해주는 작업이 필요하고, 그 후대는 그 기반을 다지고, 그 후대는 그 기반을 탄탄히 하면서 성과를 내는 단계적·계획적인 재테크 전략이 필요한 시점이다. 나무가 여기에 해당한다. 누군가 심고 가꾸고 이를 대물림해주고, 다시 키우고. 나무는 상속세와 증여세가 없다.

현재 국내 산업을 보면 LED 등이 첨단 산업으로 각광을 받고 있지만 10년 후에는 조경산업이 미래산업으로 부상한 것이라는 분석 보고서가 근래에 자주 나오고 있다.

미래를 내다보고 꾸준히 준비하는 사람을 당해 낼 재간은 없다. 철저한 준비 끝에 결심이 선다면 과감한 실천이 필요하다. 당장 뭘 어떻게 해야 하느냐 망설임도 있겠지만 처음에는 자그맣게 시작하면 된다. 잘 찾아보면 방치돼 있는 집안 소유의 텃밭이나 임야가 있다.

마지막으로 조경에 처음으로 발을 들여놓을 수 있게 지도해주신 방식 꽃예술원장님과 안영희 중앙대학교 교수님, 문홍운 실장님에게도 다시 한번 감사의 말씀을 드리고 싶다.

2012년 5월

송광섭

차 례

저자의 말 · 6

section 01
평범한 그들이 나무로 부자가 된 사연 · 12

- 01 투잡으로 내일을 준비하다 14
- 02 퇴직 후 우연히 알게 된 나무사업 26
- 03 노후연금과 상속을 나무로 준비한 사람들 35
- 04 나무투자의 복리효과와 투자의 법칙 47
- 05 높은 고정소득을 올리고 있는 나무사업가들 60
- 06 나무를 심는 것은 하나의 좋은 기회다 74
- 07 나무사업을 위해 발품을 파는 사람들 88
- 08 나무 고수들의 비법 98

section 02
나무부자가 되기 위한 솔루션 A에서 Z까지 · 118

Chapter 1 _ 나무 심기 전에 알아야 할 것들 · 120

- 01 굳이 땅을 매입하지 않아도 된다 122
- 02 농업회사법인을 만들어라 128
- 03 묘목시장 탐방하기. 실체를 확인하라 133

Chapter 2 _ 어떤 나무를 구입해야 할까 ● 138

04 유통을 알고 직거래 하자 140
05 '싼 게 비지떡' - 점(나무의 굵기)이 더 좋은 것을 구입하라 146
06 좋은 나무를 고르기 위해서는 발품을 팔아라 150
07 가로수로 뽑히기 위한 조건 155

Chapter 3 _ 나무 잘 키우는 법 ● 162

08 나무를 심을 수 있는 최적의 조건 164
09 무슨 나무를 심어야 하나 169
10 조경수. 어떤 나무를 심어야 하나 175
11 꼭 심지 않아도 된다. 심어진 나무를 찾아라 184
12 나무 심는 올바른 간격 189
13 풀 뽑기. 가급적 농약을 쓰지 마라 193
14 비료 주기는 생육 속도를 좌우한다 198
15 나무도 메이크업을 해야 한다 201
16 나무 이식하기 전 해야 할 일 205

Chapter 4 _ 어떻게 팔아야 하나 ● 210

17 나무 가격. 상승의 패턴을 알아야 한다 212
18 너무 비싸게 팔려고 하지 마라 216
19 조경업자와 유통업자를 내 친구로 만들어라 219
20 조경수 안전하게 거래하기 230

부 록 _ 농장 평형별 수익률 분석 240

section

01

평범한 그들이
나무로 부자가 된 사연

01   투잡으로 내일을 준비하다
02   퇴직 후 우연히 알게 된 나무사업
03   노후연금과 상속을 나무로 준비한 사람들
04   나무투자의 복리효과와 투자의 법칙
05   높은 고정소득을 올리고 있는 나무사업가들
06   나무를 심는 것은 하나의 좋은 기회다
07   나무사업을 위해 발품을 파는 사람들
08   나무 고수들의 비법

01 투잡으로
내일을 준비하다

우연한 기회에 동창들과 투잡으로 나무 재테크를 시작하다

정성근 씨는 전형적인 40대 중반의 직장인이다. 직장 생활만 벌써 20년이 가까워지고 있다. 그런데 시간이 갈수록 왠지 모를 불안감에 초조해질 때가 많다. 특별히 건강에 이상이 있는 것도 아니다. 이유는 미래에 대한 불안감 때문이다.

정씨는 요즘 고등학교 동창들을 만나면 가장 많이 하는 이야기가 '사오정'이야기다. 정씨는 중소기업 마케팅 부장으로 근무 중이고 친구들도 대기업의 엔지니어, 금융업체, 유통업체 등에서 차장, 부장 등으로 재직하고 있다. 그러다 보니 승진은 점점 어려워지고 밑에서는 후배들이 맹렬한 기세로 추격해 오고 있어 언제 회사에서 쫓겨날지 불안하다. 설상가상 지금 회사를 그만두더라도 받아 주는 곳이 없어 별수 없이 눈치를 보면서 복지부동할 수밖에 없다.

정씨는 아직 한창 때인데 벌써부터 퇴직의 압박에서 벗어나기 힘든 현실을 늘 안타깝게 생각하고 있다.

얼마 전부터 정씨는 미래를 위해 여러 가지 대안을 마련해야겠다고 생각이 들었다. 그래서 고등학교 동창모임에 나갈 때면 친구들의 재테크나 미래 대비 방법에 대해 유심히 듣고 정보도 얻는 편이다.

"우리처럼 열심히 일하지 않으면 금방 쪽박 차는 처지에 미래투자란 게 별거 있겠냐?"

"그래 맞아. 안할 수는 없으니, 남들이 '좋다'는 펀드나 하는 거지 뭐."

그런데 친구들이 하는 미래투자는 보험의 연금상품이나 주식, 펀드 등이 대부분이었다. 부동산 투자도 있기는 하지만 요즘의 부동산 경기 침체로 인해 그 규모를 줄이고 있었다. 하지만 정씨와 친구들은 직장 생활을 20년 가까이했지만 아이들을 키우고 생활하다 보면 저축을 하고 투자하기가 쉽지 않다. 미래투자는 커녕 현재의 생활에도 버거울 때가 많다.

"야, 그런 골치 아픈 이야기는 잊어버리고 술이나 마시자."

자주 만나는 사이지만 조금이라도 심각한 이야기가 나오면 다

들 난색을 표했다. 그렇다고 현실을 회피하거나 하는 것도 아니었다. 다만 동창모임만큼은 아무 걱정 없이 맘 편하게 술 한 잔 하고 싶을 뿐이었다. 사실 그런 미래에 대한 이야기를 해도 특별한 방법이 없다는 것을 알기 때문에 더욱 그렇다.

지방에서 고등학교를 나온 정씨는 대학 졸업 후부터 고등학교 동창모임을 만들었고, 벌써 16년째 한 달에 한 번씩 모임을 하고 있지만, 결국 술로 시작해서 술로 끝나는 모임이 대부분이었다. 그리고 큰 이벤트로 일 년에 한 번 1박 2일 가족 동반 여행을 가는 것이 전부다. 그곳에서도 술은 빠지지 않는다. 그래도 꾸준히 이어지는 것을 보고 주위의 사람들이 신기하다고 할 정도로 우정은 돈독하다.

직장 스트레스와 삶에 지친 일상들을 이야기하고 서로 위로해주지만 무언가 특별한 돌파구가 있어야 한다는 생각은 대부분 하고 있지만, 방법적인 문제에서 늘 막히곤 했다.

그러던 어느 날, 정씨가 우연한 기회에 나무사업에 대한 이야기를 듣게 되었다. 어느 주말, 집에서 일주일 동안의 피로를 풀고 있는데, 바깥이 소란스러웠다. 아파트 베란다를 내려다보니 중장비까지 동원되어 화단의 나무를 교체하고 있었다.

정씨는 참지 못하고 짜증 섞인 얼굴로 내려갔다. 그리고는 공사 책임자로 보이는 사람에게 일요일에 쉬지도 못하고 이게 뭐

하는 거냐고 따져 물었다.

그때 마침 멋있게 생긴 소나무가 옮겨지고 있었다. 정씨는, 공사 책임자에게 따져 묻다 말고, 그 소나무가 얼마인지 궁금해졌다.

정씨가 공사 책임자로 짐작한 사람은 조경업자였다. 정씨는 자신도 모르게 그와 이런저런 이야기를 나누었다. 그는 앞으로 조경이나 나무농사가 전망 있는 투자처가 될 것이란 이야기를 해주었다. 정씨는 '세상에는 여러 가지 방법의 투자가 있구나!' 하고 흥미로웠지만 더 이상 별로 생각하지 않았다.

그런데 며칠 후 회사 팀 회식 자리에서 부하 직원이 나무에 대해 열변을 토하고 있었다. 부모님을 따라 투잡으로 나무에 투자하고 있다는 것이었다.

정씨는 나무사업이 새로운 투자 아이템이 될 수도 있다는 생각이 불현듯 들었다. 그날 이후 나무사업에 대해 조사를 했다. 생각보다 상당히 매력이 있었다. 그런데 문제가 있었다. 투잡을 하기 위해서는 땅을 임차하고 나무를 사는 데 필요한 돈이 필요하고 나무를 관리하는 시간이 필요하다는 것이었다.

정씨는 고민을 하다가 동창모임을 떠올렸다. 함께 한다면 그만큼 부담도 줄 것이고, 의미 있는 일이 될 것이라는 생각이 생겼다.

정씨는 다음 동창모임에서 공동으로 나무투자를 하면 좋겠다는 자신의 생각을 이야기했다.

"그거 새로운 이야긴데?"

"나도 그 얘기를 듣긴 했는데, 혼자는 힘들겠더라고…. 그런데 나는 왜 다 같이 할 생각을 못했지? 점점 바보가 되가는 것 같아."

동창들은 의외로 긍정적인 반응을 보였다.

"이왕 이렇게 이야기 나온 거니까, 좀 더 알아보고 다음 모임 때 결론을 내도록 하자."

정씨의 동창모임은 3개월 후 충청북도 괴산의 한 나무농장을 찾았다. 농장의 일부에 공동으로 출자한 돈으로 나무를 심었기 때문이다.

개인이 넓은 땅에 나무를 심는다면 감당하기 벅찰 수도 있는 비용에 대한 리스크는 공동출자로 해결했다. 그리고 관리는 현지 농장에 위탁하는 시스템으로 리스크를 줄였다. 정씨와 동창모임은 향후 3년 후부터 안정적 수익을 낼 수 있는 시스템을 갖추게 되었다.

요즘 정씨의 동창모임은 술 먹는 모임 대신 한 달에 한 번 나무농장에 들러 나무를 가꾸는 것으로 대신하고 있다.

직장인도 충분히 할 수 있다

사람에게는 두 가지 소득이 발생한다. 한 가지는 급여와 같은 근로소득이고 다른 한 가지는 투자수익에 의한 소득이다. 최근에는 정년 연령의 감소와 미래에 대한 불확실성으로 인하여 대부분의 사람들이 다양한 형태의 투자에 대해 고민을 많이 하고 있다. 부동산, 주식, 예금으로 대변되는 투자에서 벗어나 전원생활에 대한 동경을 실천하고 싶은 사람들이 많다. 그렇지만 결국은 경제적 가치를 어떻게 평가해야 할지에 대한 고민 때문에 쉽게 결정을 내리지 못하는 경우가 많은데, 이 경우 특히 시작해볼 만한 투자의 방법이 바로 나무사업이라는 것이다.

경상북도 청송에서 나무를 키우는 강철선 씨 이야기를 들어보자.

"사실 저는 지난 10여 년간 직장생활만 하면서 근로소득을 최고의 가치로 생각하면서 지냈습니다. 열심히 벌었고 알뜰하게 저축도 했지요. 그런데 아이들도 태어나고 살던 집의 전세값이 뛰면서 은행 대출을 받고 하다 보니 빚이 조금씩 늘어났죠."

강철선 씨 역시 매일매일 열심히 직장생활을 해야 하며 불확실한 미래에 대해 걱정해야 하는 전형적인 근로소득자다. 그렇다고 물려받은 재산이 있는 것도 아니었다. 주위에서 권하는 펀드나 예금 등에 투자를 해 보았지만, 특별히 큰 이득을 얻지는 못했다.

나이가 들고 아이들이 커 갈수록 미래에 대한 확신은 점점 줄었다. 그렇다고 직장을 그만두고 빚을 내가며 창업을 할 수도 없었다.

"직장을 다니면서 할 수 있는 확실한 투자 소득이 무엇이 있을까 고민을 많이 했어요. 그러던 차에 나무에 투자를 하고 있는 지인을 통해 나무사업에 대한 이야기를 듣게 되었지요. 적은 돈으로도 투자할 수 있다는 이야기에 마음이 끌렸죠."

강철선 씨는 지인에게 부탁해 시험 삼아 투자를 했다. 하지만 완전히 투자하지는 않았다. 다른 금융 투자와 병행한 것이다. 왜냐하면 나무 투자는 장기간 이루어져야 한다는 것을 익히 들어 알고 있었기 때문이다. 나무에서 이익이 발생하기까지 그동안 직장을 계속 다니면서 금융 투자를 유지해야 했다.

"처음엔 기대도 별로 안 했지요. 그런데 3년이 지나니까 제가 투자한 것에 정확히 1.5배가 생기더라고요. 그때 머리를 스치고 지나가는 것이 있었지요. 투자소득만 기대할 것이 아니라 내가 직접 나무를 키워도 되겠다는 것이죠."

그런데 강철선 씨는 도시에서 태어나고 생활했기 때문에 전형적인 도시 근로자였다. 따라서 농촌 생활은 젬병이나 다름없는 그가 나무농사에 손을 댄다는 것은 그야말로 무모한 도전이나 다름없었다. 주위에서도 대부분이 만류했었다. 강철선 씨도 처음에 많이 망설였다. 하지만 서두르지 않고 꼼꼼히 필요한 것들

을 준비하고 보완해 나간다면 성공할 수 있다는 확신이 있었다.

나무에 대해 공부를 하고 관리방법, 유통구조 등을 조사하는 등 6개월의 준비기간을 가졌다. 그런 다음 강철선 씨는 직장을 그만두고 퇴직금과 그동안 투자한 돈을 모두 찾아 아버지 고향인 청송에 내려왔다. 놀고 있던 친인척의 땅을 저렴한 임차료로 빌려 나무사업을 시작했다. 3년이 지난 현재 강철선 씨는 연 2억의 매출을 올리고 있다.

혼자서 힘들다면 지인들과 함께 농업회사법인을 만들어라

'나무와 사람들'이라는 농업회사법인을 운영하는 민승기 씨는 서울에서 비교적 안정적인 직장을 다니고 있었다. 그러던 어느 날 나무에 투자하면 '돈이 된다'는 주변의 이야기를 들었다. 안정적인 투자처를 찾고 있던 터라 귀가 솔깃했다. 즉각 시장조사를 했다. 그런데 생각했던 것보다 '돈이 된다'는 사실을 확인했다. 망설일 필요가 없었다. 그런데 혼자서 하기에는 부담이 되었다. 지금 가진 돈으로 조그맣게 시작할 수는 있었지만 좀 큰 규모로 시작하고 싶었기 때문이다. 민승기 씨는 한참을 고심했지만 뾰족한 해결책이 나오지 않았다.

그렇게 얼마간의 시간이 지나고 우연히 친목 모임에 나가 지인들에게 나무사업에 대한 자신의 뜻을 밝혔다. 그러자 다행히도 5명이 함께 해 보겠다는 의사를 내비쳤다.

그렇게 해서 지인 5명과 함께 전라북도 김제에 2,000평의 땅을 임차했다. 그리고 벚나무와 느티나무 등을 심었다. 다음 해에는 1,500평을 더 임차해 산딸나무, 산수유, 목련 등을 추가로 심었다. 민승기 씨와 지인들은 점점 커가는 나무들을 보는 재미가 쏠쏠했다.

처음에 민승기 씨는 지인 5명과 공동 대표 형식으로 시작했다. 그런데 아무리 의좋은 사이라도 이익의 분배 앞에서는 문제가 생길 수 있으므로 법인을 설립하는 것이 어떻겠냐는 조언을 받았다. 즉 민승기 씨와 지인 5명이 농업회사법인을 만들면 더 효율적으로 나무사업을 할 수 있을 뿐 아니라 추후에 생길지 모르는 이익 배분 문제에 유연하게 대처할 수 있는 장점이 있다는 것이다.

그리고 민승기 씨는 농업회사법인에 주어지는 다양한 혜택들(비료를 사더라도 농협을 통하여 좀 더 싸게 살 수 있는 등)과 세금 혜택이 있다는 것도 알았다.

기업적으로 농업을 경영하거나 농산물의 유통, 가공, 판매를 하려는 사람이나 농업인의 농작업을 대행하려는 사람은 대통령령이 정하는 바에 따라 농업회사법인을 만들 수 있었다. 그뿐만

아니라 농업인이 아닌 사람도 일정 비율의 범위 내에서 농업회사법인에 출자할 수도 있었다. 출자 한도는 총 출자액의 3/4까지 가능하다.

　민승기 씨는 '나무와 사람들'이라는 상호를 등록하고 대표이사가 되었다. 나무사업은 수익을 내기 시작했고, 5명의 지인들에게는 비율에 따라 배당금을 지급하고 있다. 개인이 경영하는 나무농장에 비해 퇴비 등의 운영비가 상당히 절감되고 있으며, 정기적으로 농협에서 좋은 정보를 빨리 받고 있다.

투잡으로 할 경우 3년 이상 키울 종목을 심어라

나무사업을 하기 전 체크 포인트는 '몇 평에 어떤 나무를 몇 주나 심을 것인가?', '몇 년을 어떻게 키울 것인가?', '나의 농장관리 능력은 얼마나 되는가?' 등이다. 이 중 가장 먼저 고려해야 할 것이 농장관리 능력이다. 자본이 없는 상태에서 무리한 투자는 화를 자초한다. 따라서 적당한 투자 범위를 결정해야 한다.

그리고 투잡으로 농장을 할 경우 한 달에 적어도 1회 이상 농장을 방문할 수 있는지 여부도 중요하다. 단순 방문이 아니라 농장에서 작업을 할 수 있는 횟수를 말한다.

전문가들은 투잡으로 농장을 경영할 경우 3년 이상 키울 종목을 긴 간격으로 심을 것을 권고한다. 3년 이상의 묘목은 제초와 시비, 전정만으로 A급 나무로 키울 수 있다.

농장 규모는 200~400평이 적당하다. 보통 중농장은 200평 정도만 있어도 2년마다 1,800주 정도 생산이 가능하다. 통상적으로 1년생 묘목은 2년 정도 키워야 좋은 나무로 만들 수 있다. 예를 들어 느티나무 1,800주 정도를 심기 위해서는 2,000평 정도가 필요하다. 4년 정도면 8점짜리를 생산할 수 있다.

농업회사법인 만들기 (p.128 참조)

농업회사법인(농업 경영체)을 만들려면 우선 농업인(여기서 이야기하는 농업인은 1,000m² 이상의 농지를 경영하거나 경작하는 사람, 또는 농업 경영을 통한 농산물의 연간 판매액이 120만 원 이상인 사람, 1년 중 90일 이상을 농업에 종사하는 사람, 영농조합법인의 농산물 출하·가공·수출 활동에 1년 이상 계속하여 고용된 사람을 말한다)이 한 명은 있어야 한다. 그리고 농산물의 생산자 단체의 발기에 이어 정관을 작성하고 사원의 모집 및 명부의 작성, 설립년도의 사업계획, 주식의 납입과 현물출자의 이행 등의 절차를 거쳐 창립총회를 개최하면 된다.

이어 대표이사와 임원 등을 선출하고 창립총회 의사록, 정관, 출자자산의 내역, 대표이사의 주민등록등본 등을 서류를 갖춰 관할 등기소에 설립등기를 하면 된다. 그 과정이 어렵고 번거롭다면 법무사 사무실의 도움을 받으면 간단하다.

농업회사법인에는 다양한 세제혜택 등이 주어진다. 농업소득에 대한 법인세가 면제되고, 농업 외 소득에 대해서도 최초 소득이 발생한 연도와 그다음 3년간 50%의 법인세가 감면된다. 또 8년 이상 계속 경작자가 농업법인에 양도 시 양도세가 면제되고, 창업 후 영농에 사용하기 위해 2년 이내 취득한 부동산에 대해서는 취득세 면제 혜택이 있다. 이밖에 농업소득에서 발생한 배당소득에 대한 소득세를 내지 않아도 된다. 또한 비료, 농약 및 농업 기자재, 친환경 농자재에 대해서는 영세율(부가가치세)이 적용되고, 농업용 석유류 구입 시에도 부가가치세가 감면된다.

02 퇴직 후 우연히 알게 된 나무사업

무역업체 임원에서 농장주가 된 김현수 씨

김현수 씨는 몇 해 전부터 고향인 임실에서 나무사업을 하고 있다. 김현수 씨는 젊었을 땐 성공의 꿈을 좇아 미국 시카고에서 이국 생활을 했고, 한국에 돌아와서는 무역유통 회사에서 10여 년 동안 근무했다. 그는 늘 자신의 선택과 삶에 대해 나름 성공했다고 자부하고 있었다. 그런데 2000년 들어 국제 경기가 나빠지자 회사의 사정도 나빠지기 시작했고, 얼마 지나지 않아 김현수 씨는 40대 말에 상무직을 끝으로 퇴직을 할 수밖에 없었다. 아직도 충분히 일할 나이이기 때문에 퇴직이 억울했다. 하지만 감내해야 하는 상황이라 어쩔 수가 없었다.

 김현수 씨는 머리도 식히고 앞으로의 일을 계획하기 위해 고향인 임실에 잠시 내려와 쉬기로 했다.

하지만 며칠 쉬는 동안 김현수 씨는 몸도 마음도 편하지 않았다. 오히려 병이 날 지경이었다. 젊었을 때부터 일을 손에서 놓아본 적이 별로 없기 때문에 쉰다는 것이 익숙지 않았다. 왠지 모를 불안감이 엄습했다. 그러던 차에 김현수 씨의 이야기를 들은 먼 친척이 자신의 일을 얼마간 도와달라는 요청이 왔다. 친척은 나무를 운송하는 일을 하고 있었다. 김현수 씨는 망설일 것도 없이 바로 따라나섰다. 친척은 일이 힘에 부칠지도 모르니 무리하지 말라고 당부했다.

김현수 씨는 살아오면서 여러 가지 경험을 했던 터라 나무 운송일도 그리 어렵지 않게 적응할 수 있었다.

"나무 운송하는 일을 도와주면서 나무에 매력을 느꼈지요. 어느 날 일을 마치고 집으로 돌아와 곰곰이 생각해보니 나무농사를 해보는 것도 좋겠다는 생각이 들었어요. 그래서 나무사업을 하게 됐지요."

김현수 씨는 퇴직금의 일부인 1,500만 원으로 나무사업을 시작하기로 하고, 그동안 안면을 익힌 농장주들에게 발품을 팔아 정보를 얻고 노하우를 배워나갔다. 몸으로 익히는 것이 가장 오래 남는다는 것을 삶의 경험으로 알고 있었기 때문이다.

하지만 어떤 일이든 자신이 꿈꾸고 계획한 대로 진행되는 일은 매우 드물다. 김현수 씨의 나무사업도 순탄하지만은 않았다. 예상외의 순조로운 출발로 기대 이상의 수익이 발생하기도 했지만 생소한 나무사업의 경험 부족으로 몇 배의 손실을 입었다. 거의 파산 직전에 이르렀다. 그만두라는 집안의 반대도 있었지만, 퇴직 후 새로운 인생의 출발점으로 삼은 사업이기 때문에 미련이 많이 남았다. 결국 지인에게 돈을 빌려 이를 악물고 다시 나무사업을 시작했다. 한 번의 실패가 바탕이 되어 김현수 씨는 이제 호남지역에서는 '알아주는' 나무사업가가 되었다.

김현수 씨가 임실에서 나무사업을 한 것은 임실이 나무 농사하기에 좋은 환경을 갖추고 있기 때문이다. 지리상 너무 남쪽도 그렇다고 북쪽도 아니어서 다양한 수종 재배가 가능하고 다른 곳으로 이식을 해도 나무들이 잘 살아나기 때문이다. 너무 고운 흙은 오히려 나무 재배에 좋지 않다고 한다. 어느 정도 자갈이 섞여 있어야 뿌리가 튼튼하게 자라고 그만큼 생명력이 강하다는 얘기다. 임실의 토질 또한 그런 조건을 가지고 있어 나무를 심고 재배하기에는 안성맞춤의 땅이라고 할 수 있다.

김현수 씨는 6개월 단위 또는 1년 단위로 묘목을 식재한다. 자기 밭에 묘목을 심기도 하지만 저가로 땅을 임차해 나무를 심는다. 그가 가지고 있는 나무 수종은 총 1만 5천 그루 정도다. 그리고 500평, 700평, 2,000평, 2,500평 등 나무농장의 크기도 여러 가지다. 벚나무, 산딸나무, 산수유, 단풍나무, 이팝나무 등 종류도 다양하다. 이 중 벚나무만 9,000주를 가지고 있다.

임차한 밭 중에는 1,000평 정도 크기인데 연간 임차료가 70만 원에 불과한 땅도 있었다. 이곳에는 단풍나무와 목련, 느티나무를 심었다.

"여기에 있는 나무들 대부분은 묘목당 1만 원 정도에 구매를 한 것입니다. 3년 정도 지난 지금 5점 정도가 되니 8만~9만 원 대에 팔 수 있습니다. 인건비와 비료 등을 제하고 그루당 6만 원 정도 수익을 거둔 셈이지요."

김현수 씨는 우연히 나무를 옮겨다 주는 운송일을 도와준 계기로 퇴직 후의 암울한 터널에서 벗어날 수 있었고, 나무농사를 통해 새로운 인생을 살게 된 것이다.

베이비부머들의 새로운 투자처

우리나라 베이비 붐 세대는 1955년에서 가족계획 시행 다음 해인 1963년 사이에 태어난 810만 명을 말한다. 이제는 중장년층이 된 베이비부머들, 그들은 한국사회 발전의 원동력 역할을 해왔고, 회사와 가족을 위해 개인을 희생한 세대다. 어느 누구보다도 치열한 경쟁 속에서 살아남은 세대이고, 아직도 우리 사회에서 중추적인 역할을 하고 있다.

그동안 베이비 붐 세대들은 이른바 1970년대 청바지와 통기타 문화를 이루었으며, 1980년대 넥타이 부대를 형성해 민주화운동에 앞장섰다. 1990년대 한국경제의 고도화를 이뤄냈으며 우리나라의 자산시장을 주도해왔다고 할 수 있다.

그런 베이비 붐 세대가 2010년부터 본격적인 은퇴시대에 돌입했다. 이들이 있었기에 국내 부동산 시장이 활황을 맞을 수 있었지만, 이제 이들은 주택 구입을 끝내고 새로운 자산 투자처를 찾고 있다.

이미 몇 해 전부터 베이비부머들은 소유하고 있던 고가의 대형 아파트 처분에 나섰다. 부동산 경기침체로 인한 아파트의 시세 하락을 예견하고 다른 투자처 물색에 나서고 있는 것이다. 하지만 대안 투자처를 찾기도 여의치 않은 상황이다.

한국의 자산구조의 특징은 베이비부머들의 자산구조와 일치한다. 여전히 주거용 부동산으로 대표되는 실물자산 비중이 높다는 것과 은행 예금과 확정금리 상품이 압도적인 비중을 차지한다는 점이다. 하지만 2001년부터 본격화된 저금리 기조가 지속되면서 은행 예금만으로는 재산증식이 어렵게 되었다.

사실 지난 몇 십 년간 우리나라에서 부동산은 곧 부를 축적하

는 가장 확실하고 안전한 방법이었다. 그러나 지금은 절대적으로 영원하며 안전하다고 믿었던 아파트 시장이 흔들리고 있다. '아파트 쇼크'라는 말도 나오고 있다. 때문에 이제는 아파트를 통해 부를 쌓는 시대는 지났다. 현재는 라이프스타일, 인생관, 가족관, 인구 구성 비율, 생활의 우선순위를 정하는 가치관 등 소비를 좌우하는 모든 것이 변했다.

그리고 은퇴를 했거나 앞둔 베이비부머들은 의미 있는 은퇴 이후의 삶을 누리기 위해 자산을 처분하거나 새로운 투자처를 찾게 되는데 그것이 더 이상 부동산은 아니라는 것이다. 더구나 세계 금융시장의 위기가 좀처럼 가라앉지 않고 있어 금융상품에 투자하는 것도 쉽지만은 않다.

발 빠르게 미래를 예견하는 몇몇 베이비부머들은 이제 새로운 투자처와 안정된 노후의 삶을 위해 친환경적이면서 손실이 적은 투자처에 눈을 돌리기 시작했다.

50대 중반의 김성찬 씨는 4년 전 일찌감치 회사에서 명예퇴직을 했다.

베이비부머들의 은퇴가 몰리기 전에 새로운 삶을 설계하기 위해서였다. 김성찬 씨는 평소 꿈꾸었던 전원생활을 실현하기로 마음먹고 있었다. 그런데 문제는 명예퇴직 이후의 경제력이었다. 그렇다고 다른 사람들처럼 창업을 통해 제2의 인생을 살고 싶지는 않았다. 그동안 앞만 바라보고 살아 온 삶에 대한 보상으로 여유롭고 안정적인 삶을 살고 싶었다.

퇴직금과 그동안 저축한 돈을 금융상품에 넣어 두고 연금을 받으며 생활할까도 생각했지만, 생각보다 넉넉한 연금을 받기 힘들었다.

김성찬 씨는 여러 가지 투자처를 살펴보았지만 마음이 가는 투자처는 없었다. 그러다 우연히 TV에서 도시개발 등 때문에 나무의 수요가 늘어날 것이라는 뉴스를 듣게 되었다. 눈이 번쩍 뜨이는 뉴스였다. 김성찬 씨는 그 길로 당장 조경에 대한 정보를 수집하기 시작했다. 6개월여의 정보수집과 나무에 대한 공부를 한 결과 나무에 투자하는 것이 안정적이라는 결론을 내렸다. 그리고 나무사업은 예전부터 꿈꾸었던 전원생활과 함께할 수 있는 장점도 있었다.

김성찬 씨는 본격적인 나무사업에 뛰어드는 대신 경기도 인근에 전원주택과 함께 땅을 매입해 필요한 만큼만 나무를 심고 가꾸며 전원생활을 시작했다. 전원생활을 한다지만 김성찬 씨는 다른 사람들처럼 텃밭을 가꾸거나 농사를 짓지는 않았다. 김성찬 씨가 하는 일은 집 앞에 심어 놓은 나무를 가꾸는 일이 하루 일과의 대부분이다.

처음에 수형$^{(樹形)}$이 좋은 벚나무, 느티나무, 주목 등 300여 주의 나무를 150여 평의 땅에 심고 가꾸었다. 2년이 지난 지금은 식생이 잘 이루어져 고가에 판매되고 있다. 웬만한 기업의 부장급 연봉을 나무 한 두 그루를 팔아 벌 수 있게 되었다. 요즘은 지나가던 사람들도 들러 나무를 구경할 정도라고 한다.

김성찬 씨가 일찌감치 전원생활을 결정하고 안정적인 삶을 살 수 있게 된 것은 신축아파트나 전원주택 등지의 수요처가 꾸준히 늘고 있다는 것에 주목한 결과다.

주말용 전원주택이 늘고 있는 점에 주목하라

문명이 발달한 선진국일수록 원예가 발달하고 그 소비량이 증가하는 것은 인간본능의 당연한 발로라고 볼 수 있다. 삶이 힘들어질수록 문화생활에 대한 갈구와 자연에 귀소하려는 욕구가 그만큼 강해진다.

이 같은 영향 때문일까, 전과 비교할 때 주말용 전원주택들이 많이 늘었다. 서울에서 어느 방향으로든 차로 한 시간 정도 달리다 보면 자연과 어우러지게 잘 가꾸어져 있는 전원주택 단지들을 볼 수 있다.

"주말용 전원주택이 어느 정도 자리를 잡아가고 있습니다. 이는 곧 조경수 시장이 더 커질 수 있다는 긍정적 신호입니다."

나무농사를 하다 10년 동안 가드닝 교육 사업에 전념하고 있는 플로시스 김재용 대표는 현재 시간적·경제적으로 어느 정도 여유 있는 사람들이 전원주택을 동경하게 되었고, 앞으로 전원주택은 더 고급화될 것으로 전망한다.

"현재 남한강 등 서울 주변에 150 ~ 200곳 정도의 전원주택이 있습니다. 전원주택의 성장성을 봤을 때 현재의 추세로 간다면 소득 3만 달러 시대가 되면 급성장할 것입니다."

전원주택이 늘고 있다는 것은 한마디로 조경수와 조경사업의 전망이 밝다는 것을 의미한다.

"지금은 선원주택 조경에 평당 20만~30만 원 정도가 들어가지만, 향후에 그 규모가 커질 것이다. 이들 전원주택 단지의 평당 가격은 700만~800만 원 선이다. 물론 위치에 따라 가격이 달라지지만 현재의 추세로 간다면 좀 더 특화된 조경을 원하게 될 것이다."

03 노후연금과 상속을 나무로 준비한 사람들

인생 2막을 나무와 함께 시작한 박대수 씨

현재 노후자금에 대한 걱정을 하지 않는 사람은 없을 것이다. 그래서 각종 연금보험을 들기도 하고, 부동산을 매입해 노후를 대비하겠다는 계획을 세우고 있는 사람들이 대부분이다. 하지만 실질적으로 노후에 생활비로 현금화하여 바로 지출하기는 어렵다. 부동산의 경우는 퇴직 후의 시세 변동에 따라 노후자금으로서의 가능성이 점쳐질 것이고, 십 년 이상 불입하여 노후에 몇십만원씩 받게 되는 연금 상품들 또한 돈의 가치를 따졌을 때 실질적인 사용 가치는 현저히 떨어질 것이 뻔하다.

하지만 문제는 간단하지 않다. 시간이 지나도 투자 가치가 떨어지지 않고 오히려 상승하는 재테크 수단을 찾는 것이 노후를 위한 가장 현명한 방법이라는 것을 누구나 다 알고 있지만, 연금 상품에 가입하고 부동산을 매입할 수밖에 없는 이유는 그 외에는 뾰족한 대안이 없기 때문이다.

그런데 이제까지 우리는 노후 대비뿐 아니라 미래를 대비하기 위한 방법을 찾는 데 있어 우물 안 개구리였다. 당장 눈에 보이는 이익을 주는 투자처나 익히 알고 있는 금융상품에만 관심을 두었던 것이다.

경기도의 한 재래시장에서 떡집을 운영하는 박대수 씨는 수익이 생길 때마다 개인연금을 들었다. 공무원이나 직장인들처럼 단체에 소속되어 연금이 적립되는 것이 아니기 때문에 자신과 같은 자영업자들은 스스로 개인연금을 들어둬야 한다고 생각했다.

"떡집 일이란 게 육체적으로 힘들고 어려운 일이지요. 그래서 앞으로 얼마나 더 이 일을 할 수 있을지 알 수가 없어요. 돈이 생길 때 부지런히 저축을 해둬야 나중에 먹고 살 수 있어요."

박대수 씨는 지금까지 가입한 개인연금이 5개나 된다. 수익이 떨어진 달은 연금을 내기도 빠듯하지만 아이들과 노후를 생각해서 허리띠를 졸라매고 악착같이 연금을 유지했다.

"그런데 앞으로도 연금을 10년 정도 더 넣어야 해서 걱정입니

다. 그리고 연금을 수령할 때는 지금보다 화폐가치가 분명히 떨어질 텐데, 어떻게 해야 하나 고민입니다."

얼마 전 박대수 씨는 친구들과 이야기를 하다가 그동안 무심코 납입하던 연금보험의 가치를 꼼꼼히 따져 본 적이 있다. 현재의 물가상승률이면 연금을 수령할 시점에 매달 받게 되는 150만 원 상당의 연금으로는 생활하기가 힘들 것이라는 결과가 나왔다. 그렇다고 지금 형편으로는 더 이상의 연금에 가입하는 것은 무리다.

박대수 씨의 고민은 깊어졌다. 그때 복음처럼 조경사업이 앞으로 각광 받을 것이라는 뉴스를 접하게 되었다. 그날 이후 박대수 씨는 짬짬이 서툰 인터넷 솜씨로 나무사업에 대한 정보를 모으고 공부를 했다. 그리고 시골에 작은 필지의 임야를 사고, 불입한 지 얼마 안 되는 연금보험 두 개를 해약했다. 연금으로 들어갈 돈을 매달 전망이 좋은 인기 수종을 구입해 심었다.

3년이 지난 지금 벌써 그 나무들은 매달 수령하는 연금 이상의 수익을 내고 있다. 이대로라면 연금이 끝나는 10년 후면 그동안 심은 나무들의 수익이 연금의 몇 배의 가치를 할 것으로 기대한다.

사실 미래를 예측하고 발 빠르게 움직이는 사람들은 이미 오래전부터 금융상품이나 부동산이 아니라 노후연금으로 나무에 투자하고 있었다. 단지 사람들에게 알려지지 않았을 뿐이다. 노후가 오기 전에 나무에 투자할 수 있게 된 박대수 씨는 운이 좋은 편이다. 당장 이익이 나지 않는 것에서 비롯되는 불확실성과 나무에 투자하려면 나무에 대해 잘 알고 있어야 한다는 선입견이 투자를 망설이게 한다. 그러나 나무는 다른 금융상품과는 달리 투자 이상의 확실한 이익을 준다. 그리고 나무는 우리가 생각하는 것처럼 어렵지 않다. 지금부터 박대수 씨처럼 연금저축을 들 듯이 나무에 투자하면 그 어떤 노후 대책보다 안정적일 것이다.

나무를 재산으로 물려줘라. 양도소득세, 상속세, 증여세가 없다

우리나라 세법상 자식들에게 물려주는 재산의 상속과 증여는 많은 세금을 부과하게 된다. 간혹 재벌가에서 상속세와 증여세를 줄이기 위해 편법을 쓰다가 세무조사에 걸리는 경우를 종종 본다.

이는 일반인들도 마찬가지다. 물려주는 재산과 비교하여 세금이 너무 많다고 느껴져, 한 푼이라도 줄이려고 여러 가지 방법을 동원하기도 한다. 그런데 요즘 자식들에게 재산을 물려주는 방법 중 나무를 통해 재산을 물려주는 사람들이 늘고 있다.

자동차 부품공장을 운영하는 김종일 씨는 하나밖에 없는 아들이 회사를 물려받기를 원했다. 그런데 아들은 대학을 졸업한 후 회사 경영에 뛰어드는 대신 공방을 차리겠다며 목공예를 새롭게 배우고 있다. 아들의 앞날이 한없이 걱정스러웠다.

"이제 나이가 많아 회사를 경영하기도 벅찹니다. 아들 녀석이 회사를 맡아 주었으면 좋을 텐데, 그게 맘대로 안 되네요."

김종일 씨는 회사를 처분하고 재산을 아들에게 물려줄 생각으로 상속에 대해 알아보았다. 그런데 상속세가 만만찮게 부과된다는 것을 알게 되었다.

"재산이 그리 많은 것은 아니다 보니 상속세를 내고 나면 남는 재산이 없어요."

재산이 많으면 세금을 내더라도 남는 재산을 남은 가족들이 유용하게 쓸 수 있지만, 재산이 많지 않은데 세금을 내고 나면 어중간하게 반토막이 나게 되기 때문에 장기적인 관점에서 바라볼 때는 효용성이 떨어진다. 김종일 씨는 사회에 기부할까도 생각해보았지만 주위의 반대로 마음처럼 결정하기가 쉽지 않았다.

그렇다고 세금을 탈루하면서까지 재산을 물려주고 싶지는 않았다. 그래서 적법한 절차를 거쳐 세금을 최소화할 수 있는 방법을 찾기 시작했다. 각종 금융상품을 살펴보고 부동산 공동매입 등 많은 방법을 찾아보았다. 하지만 마땅한 방법이 없었다.

그때 회사 부지 조성 등으로 평소에 알고 지내던 나무유통업자와 이런저런 이야기를 하게 되었다.

"김 사장님, 그러지 마시고 아드님에게 나무를 물려주세요. 나무는 세금이 없어요. 그리고 아드님이 목공예를 한다니, 더 잘 되었네요."

유통업자의 말 한마디가 김종일 씨의 십 년 묵은 체증을 씻어 내렸다.

"정말 나무를 상속할 수 있나?"
"그럼요. 세금이 없다는 것은 누구보다 제가 잘 알죠."

김종일 씨는 얼마 지나지 않아, 회사를 다른 사람에게 팔고 받은 돈으로 시골에 땅을 샀다. 나중에 아들이 목공예 공방을 차릴 수 있도록 부지도 미리 확보했다. 그리고 남는 땅에 나무를 심었다.

요즘 김종일 씨는 나무를 바라볼 때면 아쉬운 마음이 든다. 나무에 대해 일찍이 알았더라면 오래전부터 조금씩 나무를 심었더라면 하는 아쉬움이다.

30년 가까이 소나무 유통 사업을 해온 윤호영 씨는 재산 상속 비법에 대해 이렇게 이야기한다.

"여유 있는 사람들은 나무를 사두는 것이 좋습니다. 나무에는 양도소득세, 상속세, 증여세가 없다는 것을 아는 사람들이 많지 않습니다. 본인도 돈을 벌고 나중에 자식들에게도 부를 물려줄

수 있는 좋은 방법이지요."

　나무투자는 단기적인 관점보다는 장기적으로 10년에서 20년이라는 긴 기간을 두고 보는 것이 좋다. 나무는 지금 당장의 풍요보다 내 아들과 딸들의 미래를 물려줄 수 있는 특별하면서도 고귀한 유산 상속 방법이다. 자식처럼 정성스럽게 키운 나무를 자식에게 물려주게 되면, 아버지로부터 나무를 물려받은 자식은 그 후대에도 나무의 정신과 품성, 부모의 사랑, 그리고 재산까지 더욱 불려 대물림을 해줄 수 있다. 즉, 나무를 물려주는 것은 부모의 정서적인 면과 친환경적인 정신을 물려주는 것이다. 물론 더불어 절세 효과도 탁월하다.

　자녀에게 합법적이면서 세금을 감면할 수 있는 재산 상속을 생각한다면 지금부터 나무를 심고 가꾸는 것을 권한다. 몇십 년 후 아름드리나무들이 즐비한 숲을 자녀에게 물려준다는 것은 상상해 보면 어느 영화의 한 장면처럼 아름다운 엔딩이 될 것이다.

자녀 교육비와 대학 학자금을 나무로 준비하라

직장인 이상주 씨는 지금껏 성실하게 직장생활을 했다. 누구보다 알뜰하게 아끼고 모아 적금도 붓고 펀드에 투자하여 2년 전 어렵사리 집을 장만했다. 그러나 행복감은 그리 오래가지 않았다. 자녀가 커가면서 교육비가 만만치 않게 들어갔기 때문이다.

이상주 씨는 아이들 학원비를 줄이기로 했다. 그리고 아이들과 시간도 함께 보낼 겸 공부를 직접 챙기기로 했다. 이상주 씨는 하루 종일 회사에서 일하고 돌아와서는 학창시절 어렵게 공부한 기억을 되살려 아이들 공부를 거들어준다. 하지만 아이들 학원비 줄이는 것만으로는 가계살림이 나아질 기미가 없었다. 현재 수입으로는 자녀의 교육비를 대기가 어렵기 때문이다. 그는 주식투자를 하기 시작했다.

그런데 주식투자가 말처럼 쉬운 것이 아니었다. 주식이 운 좋게 상한가를 기록하면 가슴이 벅찰 정도로 즐거웠다. 하루아침에 수백만 원의 돈이 생겼다는 가슴 뿌듯함에 친구들을 불러 술한 잔을 사기도 했다. 하지만 그 기쁨도 잠시뿐이었다. 어김없이 다음날이면 주식이 하한가를 기록하고 심지어 연 사흘 동안 하한가를 기록하기도 했다. 오르고 내리는 일이 반복되면서 마음고생도 무척 심했다. 결국 지금 주가는 매입가격의 절반 수준으로 떨어졌다. 거래량도 거의 없어 팔기도 만만치 않다.

이상주 씨와 같이 일반적으로 하는 주식투자의 단점 중 하나는, 수익이 났을 때 실현하지 않으면 결코 자신의 돈이 아니라는 것이다. 매도를 통해 이익을 실현해야만 자신의 순수익으로 돌아오는 셈이다. 홈트레이딩 시스템에 의한 주가평가이익은 수

치상으로 늘었다 줄었다 하며 변하기만 할 뿐 실체가 없는 것이다. 주식매매차익은 비과세이므로 절세 효과가 있지만, 문제는 손실이 발생할 경우 산비탈에서 눈을 굴리면 점점 커지듯이 주식의 손실도 복리로 발생한다는 사실이다.

올해 결혼 3년 차인 손정국 씨는 얼마 전 부인이 임신을 하는 경사를 맞았다. 하지만 기쁨도 잠시 앞으로 아이를 낳고 키울 걱정을 하니 그리 기쁘지만은 않았다. 치솟는 물가보다 더 치솟는 대학등록금을 생각하면 걱정이 이만저만이 아니다. 아이가 자라서 대학입학 때까지 들어가는 돈이 1억이 넘는다고 한다. 이것도 사교육을 최소화시켰을 때 이야기다. 손정국 씨는 누구보다 떳떳한 부모로 아이를 잘 키우고 싶었다.

"여보, 우리 태어날 아이를 위해 적금이나 보험을 들면 어때요?"

손정국 씨의 걱정을 누구보다 잘 아는 부인은 요즘 유행하는 금융상품이 많다며 지금부터 준비하면 아이가 대학 갈 때는 등록금 걱정 없이 공부에 전념할 수 있을 것이라고 했다.

손정국 씨는 부인의 말대로 은행을 다니며 여러 상품을 살펴보았지만 오랫동안 불입을 해야 하는 부담과 만기 때 화폐가치를 예측할 수가 없었다.

어느 날 시골에 있는 부모님께 인사를 드리기 위해 고향을 찾았다. 그리고 오랜만에 조상에게 문안을 드리기 위해 선산을 찾아갔다. 그런데 가는 길에 큰 굴착기가 큰 나무들을 뽑아 트럭에 싣고 있었다. 족히 20~30년은 돼 보이는 것들이었다.

"요즘 나무 장사꾼들이 자주 와서 나무를 죄다 뽑아 가고 있어."

집으로 돌아와 성묘 가는 길에 본 것을 말했더니 아버님은 언짢은 표정으로 말씀을 하셨다.

"나무 한 그루에 얼마나 한데요?"

"자세히는 몰라도 천만 원은 하는 것 같더라."

손정국 씨는 깜짝 놀랐다. 그리고 무언가 좋은 생각이 스치고 지나갔다. 그날 밤 부인에게 자신의 생각에 대해 의견을 나누었다.

얼마 후 손정국 씨는 고향 친척에게 땅을 임차해 6개월에 한 번씩 나무를 심기로 했다. 아이가 고등학교를 졸업할 때까지 나무를 꾸준히 심고 가꾸어서 아이가 대학에 들어가게 되면 나무를 팔아 등록금과 생활비로 쓸 계획이다. 아이가 대학 들어갈 때쯤이면 처음 심은 나무는 족히 20년 된, 좋은 나무로 성장할 것이다. 그때쯤이면 매년 자라는 나무만 팔아도 충분할 것이다.

더 나아가 손정국 씨는 아이가 초등학교, 중학교, 고등학교에 입학하는 시점에 맞춰 팔 수 있는 나무도 심기로 했다. 적금 대

신 나무를 심어 아이의 교육비를 마련하는 것이다.

교육을 평생교육 차원에서 보면 태아교육 → 가정교육 → 유치원교육 → 학교교육 → 사회교육으로 나눌 수가 있다. 이 중 가정교육은 나무의 뿌리와 같고, 학교교육은 나무의 줄기, 가지와 같다고 할 수 있다. 왜냐하면 어릴 때 가정에서 아이들의 버릇을 잘못 기르면 어른이 되어서도 고칠 수가 없기 때문이다. 또한 가정교육을 바로 세워야 학교교육이 바로 서기 때문이다.

나무 역시 마찬가지다. 뿌리가 튼튼해야 줄기와 가지가 잘 자라고 좋은 나무로 성장하기 때문이다. 좋은 묘목을 심고 잘 가꾸면 향후에는 큰 관리가 없어도 스스로 잘 자라는 것이 나무라는 것이다. 따라서 누차 언급하는 이야기지만 나무는 아이들의 교육과 같이 장기적인 관점에서 바라보아야 한다.

장기적인 안목으로 보았을 때 나무농사는 초기에 당장 수익을 가져다주지 않지만 적게는 3년, 평균적으로 5년이 되면 매년 수익이 발생한다. 그리고 매년 수시로 나무를 심을 경우 해가 바뀌어도 지속적으로 판매할 수 있는 수종이 계속해서 나오게 된다. 그 시작은 미약하지만 일단 물꼬가 트이면 거침없이 흘러내리고 점점 더 커지고 거대해지는 물줄기와 같은 이치다. 이러한 이치로 나무투자는 장기적인 관점에서 더 큰 수익을 자식들에게 안겨줄 수 있다.

 **나무에 수백억씩 투자하는
아파트 건설에 불붙은 조경 전쟁**

바쁜 업무와 일상으로 주변을 둘러볼 일이 별로 없지만 가끔 주위를 살펴보면 서울 시내 가로변 주변, 특히 아파트 단지 내에 소나무가 많이 심어져 있다는 것을 알게 된다.

이는 건설사들의 아파트 녹지에 많은 관심을 가지게 되고, 아파트 부지의 법정 조경비율이 30% 미만에서 50%까지 늘렸기 때문이다. 전체 공사비 중 조경수 구입 비용이 2~3%를 차지할 정도다. 잘 가꾸어진 아파트의 조경은 그만큼 아파트의 품격을 높여 주기 때문에 조경수 수요는 계속 증가할 전망이다.

실제로 경기 화성 동탄의 '우미린' 아파트의 조경 비용이 100억 원이다. 고양 식사지구 '일산자이 위시티'에는 그루당 수천만 원짜리 명품 소나무 2,000여 그루가 심어져 있다. 이 가운데 1,500그루는 수령이 100년 이상의 대적송이다. 느티나무도 지름 70~80cm 정도의 최상급으로 확보했다. 경기 용인 래미안 스트팰리스도 단지 조경에만 100억 원 이상을 투입했다. 서울 반포동 래미안퍼스티지에 식재돼 있는 느티나무는 수령이 1,000년으로 시공사인 삼성물산이 경북 고령에서 10억 원을 주고 구입했다. 이 고령 느티나무 덕에 아파트 인지도는 급상승했다. 서초 반포자이에도 소나무가 1,200여 그루 심어져 있다. 이제는 기존에 있는 아파트들도 녹지 공간을 넓히려고 많은 아이디어를 내고 있다.

소나무 외에 조경의 가치를 높여주는, 예술성 높은 나무는 낙엽수인 느티나무와 이팝나무, 벚나무 등이 있다. 실제로 이들 나무에 대한 수요가 늘면서 가격도 1년 전보다 평균 30% 이상 올랐다. 느티나무의 경우 지름 1m가 넘으면 5,000만 원을 넘고, 지름 20cm짜리 벚나무 가격은 최소 100만 원이다.

04 나무투자의 복리 효과와 투자의 법칙

제로가 100배로 불어난다

어느 설문조사에서 사람들에게 부자의 기준에 대해 물었다. 대부분의 사람들이 적어도 10억 원은 있어야 부자라고 할 수 있다고 답을 했다. 그렇다면 10억을 만들기는 쉬울까?

우리가 10억 원을 만들기 위해 매달 꼬박꼬박 저축을 한다고 생각을 해보자. 한 달에 100만 원씩 저축을 하면 1년에 1,200만 원이다. 이자가 없다고 보고 10년이 돼야 1억 2,000만 원이다. 80년이 돼야만 10억에 거의 가까운 9억 6,000만 원을 만들 수 있다.

최근에는 "한 푼의 세금이라도 아껴라.", "주택청약통장을 십분 활용하라."는 등 재테크의 방법으로 은행의 통장을 잘 활용하라는 이야기가 많다. 최근에는 아파트 가격이 하락하면서 "수익

형부동산으로 갈아타라"는 말도 있다. 하우스푸어가 넘치는 상황에서 수익형부동산의 한 형태인 빌딩 매입을 눈여겨볼 것을 권하지만 이 투자에는 엄청난 돈이 들어간다. 그 돈을 은행에서 대출받기란 하늘의 별 따기다.

어쨌든 그런저런 이야기를 믿고 실천하면 정말 10억 원을 만들 수 있을까? 솔직히 지금 나와 있는 금융상품은 서민들에게 10억이라는 돈을 안겨줄 만한 상품이 하나도 없다.

그러나 나무를 이용하면 장기적으로 돈을 벌 수 있다. 물론 나무에 따라 차이가 있지만 1,000원짜리 묘목을 심어 10년이 되면 평균 10만 원짜리 나무가 된다. 만약 2천 원짜리 2년 내지 3년생 묘목을 심는다면 5년 후면 10만 원 정도의 나무가 된다. 1년에 10배씩 재산이 불어나는 엄청난 돈벌이다.

나무투자에 대한 열풍은 이미 거세다. 나무의 가치를 미리 안 사람들은 남보다 앞서 나무투자를 실행에 옮기고 있다.

"150년 이상 된 야생 소나무를 잘 발굴해 이식해서 5~6년 정도 지나면 1억 원 정도에 팔 수 있습니다."

충청도와 강원도 강릉 지역을 대상으로 소나무 유통사업을 하고 있는 윤찬용 씨는 조경관상용 소나무의 수요가 계속 늘고 있다며 즐거운 비명을 지르고 있다.

그리고 개인적인 모임에서 필자가 만난 한 이동통신사 홍보임

원은 이미 주위에 알 만한 사람들은 나무의 소중함을 알고 나무 재배에 나서고 있다고 말했다. 그는 전기공부터 시작해 대기업 홍보임원에 오른 입지전적인 인물이다. 그는 나무와 화초에 관한 화제가 나오면 눈이 반짝인다. 그리고 주위에 나무 사랑을 실천하고 있는 사람들이 적지 않다며 한 번 해보라고 권하기까지 한다.

실제로 필자가 아는, 한 여사장님 역시 소나무 박사다. 강원도 산골에 거주하는 이 여사장님은 회사일 외에 시간이 날 때면 전국 곳곳을 샅샅이 훑고 다닌다. 좋은 소나무를 고르기 위해서다. 깊은 산 속 소나무는 아무리 수세와 수형이 좋아도 포기한다. 채굴과 수송작업에 드는 비용이 만만치 않기 때문이다.

마을 어귀에 심어진 소나무가 주 공략 대상이다. 이장 어른을 잘 만나면 저렴한 가격에 좋은 소나무를 매입할 수 있는 행운을 얻을 수 있다. 수입을 묻는 질문에는 속 시원한 대답을 하지 않지만 미소를 머금은 입가를 보니 웬만한 수입은 보장된다는 것을 짐작할 수 있었다. 조만간 회사는 자식에게 물려주고 여사장님은 소나무 매입에 전념할 뜻을 밝혔다.

얼마 전에 수도권인 서울과 경기 지역에 거대 공원을 꾸미는 초대형 사업을 구상하고 있다는 풍문이 증권가에 돌자 코스닥에 상장된 조경 관련 종목이 급등세를 보였다.

그동안 정부의 어떠한 발표에도 조경 관련 종목이 시장에서 주목을 받은 적은 거의 없다. 하지만 지금은 조경 관련 산업이 미래 산업으로 조심스럽게 주목받고 있다. 나무의 경제적 가치와 조경산업의 미래가치를 인정해주지 않던 분위기가 바뀌고 있는 것이다.

이는 누구나 마음 한 켠에 농장이나 나무, 혹은 숲을 가꾸고 보살피고 싶은 욕망이 있고, 작은 규모라도 마당에 질 좋은 나무 한 그루를 심고 싶은 마음이 있기 때문이다. 이런 마음들이 밖으로 표출되기 시작한 것이다. 주변 환경에 대한 인식을 다시 하게 되고 가능하면 자연에 가까운 환경에서 살고자 하는 마음을 실천하기 시작했기 때문이다.

배고픔에서 벗어나는 것이 최대 목표였던 과거 우리나라가 이제는 괄목할 만한 경제성장으로 배고픔에서 벗어나 삶의 여유와 문화를 향유하게 되었다. 그 여유로움으로 인해 사람들은 환경 관련 산업, 미래산업에 관심을 둘 수밖에 없다.

조경산업의 확대는 모두가 인정하고 있다. 다만 그 시기와 규모에 대한 이견이 있을 뿐이다. 나무는 분명 제로에서 100배로 늘어나는 투자가 될 것이다.

나무투자는 선취매 장기투자의 주식, 부동산 투자 방식과 같다

주식시장에서 좋은 종목을 골라 진득하게 참고 기다리면 나중에는 큰 수익으로 돌아오는 경우가 있다. 하지만 단기 이익에만 연연해 단타를 일삼을 경우 결국은 손실만 커진다. 눈치 빠르게 시장에 대응을 한다고는 하지만 큰 흐름을 보지 못하고, 단기 손실을 참지 못하기에 종목 갈아타기를 수십 번씩 하기 때문이다. 일희일비하지 않은 1%만이 주식시장에서 승자가 될 수 있다. 단기 시세에 휘둘리지 말고 참고 견디는 자만이 살아남는 게 주식시장이다. 그래서 주식시장에서는 자금력이 중요하다.

주식에 투자할 때는 종목 선정 시 자기만의 착각에 빠지지 않기 위해 열심히 공부를 해야 하고, 남의 말만 듣지 말고 투자한 종목의 회사도 방문하는 열의를 보여야 한다는 것은 주식을 하지 않는 사람들도 일반적으로 잘 알고 있는 이야기다.

나무사업에 있어 나무 수종을 선택할 때도 같은 이치가 적용된다. 견실하고 좋은 묘목을 얻기 위해서는 정보도 중요하지만 무엇보다 발품을 들여야만 한다.

나무투자에 있어 종목 선정은 주식처럼 장기 가치투자와 궤를 같이한다. 긴 안목으로 장기 투자에 적합한 '종목'을 골라야 한다.

어떤 분은 수양버들이 향후 수요가 있을 것으로 보고 최근에 수양버들을 구해 키우는 것을 보았다. 수양버들은 꺾꽂이를 해도 잘 자란다. 바쁜 일상에 찌든 도시민들에게 자연스럽게 늘어진 가지가 편안한 느낌을 줄 수 있다는 점에서 향후 기대되는 수종 중 하나가 될 것으로 보인다.

『국촌(菊村)의 나무 이야기』를 펴낸 김두옥 씨는 1997년 공직생활에서 정년퇴임 한 다음부터 아내와 함께 나무를 심고 가꾸기 시작했다. 그는 소득이나 경제적 효과보다도 노후의 취미 활동과 건강관리를 위해 나무를 키우고 있다. 아무런 욕심 없이 투자한 것이 이제는 큰 결실로 다가왔다. 그의 농장에는 수천 그루의 나무가 심어져 있다. 그 중 그가 가장 아끼는 나무가 노각나무다. 노각나무는 한국 특산의 세계적 희귀목이다. 노각나무는 사슴의 뿔을 닮아 녹각(鹿脚)으로 불리다 소리가 변했다는 말도 있고, 줄기의 생김새가 왜가리의 다리처럼 얼룩무늬가 있어 노각(鷺脚)에서 비롯됐다는 말도 있다.

아무튼 노각나무는 나무줄기가 비단결처럼 아름다운 모양을 하고 있어 나중에 귀목으로 대접받을 수 있는 수종이다. 비록 처음에는 향후의 가치를 생각하지 않고 심은 나무지만 지금은 당장의 이익뿐 아니라 장기적인 관점에서도 좋은 투자가 되었다.

일반적으로 나무사업을 하는 사람들은 단기간의 이익을 얻기 위해 투자를 하는 사람들보다 장기적 안목을 보고 투자하는 사람들이 대부분이다. 하지만 일부 인기 있는 수종을 골라 단기 이익을 챙기려는 사람들이 있다. 시장의 흐름과 잘 맞으면 원하는 대로 많은 이익을 얻을 수 있지만, 시장의 흐름을 조금이라도 놓치게 되면 손실은 눈덩이처럼 불어난다. 인기 수종만을 골라 심고 팔기를 반복하다 보면 묘목을 사서 2~3년 후에 비싸게 팔아도 손익을 따지면 큰 이익을 남기지 못하는 수가 많다. 묘목을 비싼 가격에 구입해야 하는 경우가 많기 때문이다. 그리고 인기 수종은 많은 사람들이 관심을 갖고 있어 대부분 적은 수라도 심기 때문에 과잉공급으로 한순간에 가격이 엄청나게 하락할 가능성이 늘 존재한다. 따라서 인기 수종을 대량으로 심고 가꾸는 것은 분명 위험을 자초하는 일이다.

나무투자는 주식투자와 같이 반드시 장기적인 관점에서 투자를 해야 성공할 수 있다.

'나무의 매력'
'피보나치의 수열' 복리 효과처럼 거침없이 불어난다

직장인 이동혁 씨는 지금껏 성실하게 직장생활을 했다. 누구보다 알뜰하게 아끼고 모아 적금도 붓고 펀드에 투자하여 2년 전 어렵사리 집을 장만했다. 그러나 행복감은 그리 오래가지 않았다. 자녀들이 커가면서 교육비가 만만치 않게 들어갔기 때문이다.

이동혁 씨는 아이들 학원비도 줄이고 아이들과 시간도 함께 보낼 겸 아이들 공부를 직접 챙기기로 했다.

하루 종일 회사에서 일하고 돌아와서는 학창시절 어렵게 공부한 기억을 되살려 아이들 공부를 거들어준다. 하지만 아이들 학원비 줄이는 것으로는 가계살림이 나아질 기미가 없었다. 현재 수입으로는 자녀들의 교육비를 대기가 어렵기 때문이다. 그는 주식투자를 하기 시작했지만 큰 손실을 보고 말았다.

나무를 심듯 투자를 하라는 말이 있다. 나무에 투자하는 것은 장기적인 관점에서 이루어져야 한다는 것이다. 하지만 그 수익은 예상외의 결과를 가져다준다.

"나무농사는 3년까지는 잘 수익이 나지 않지만 이후부터는 매년 수익이 곱절로 불어납니다." 평택에서 나무농장을 하는 서상길 씨는 3년까지는 들어가는 경비가 많아 수익이 많이 나지 않지만 그 이후부터는 돈이 차곡차곡 쌓이는 기쁨을 맛볼 수 있다고 말한다.

실제로 막 심은 나무는 당장 경제적으로 큰 가치가 없다. 2년까지는 하나의 줄기에 불과하다가 그 이후부터 새로운 가지가 뻗어 나오고 매년 하나씩 새로운 가지가 나온다. 3년이 되고 나

서는 줄기마다 가지가 두 개 나오고 4년째 되는 해에는 또 다른 가지가 뻗어 셋이 되고 5년 차에는 줄기와 가지에서 가지를 뻗어 다섯이 된다. 이후에는 (1, 1, 2, 3, 5) 8, 13, 21, 34, 55, 89 기하급수적으로 불어난다.

마치 피보나치의 수열처럼 엄청난 복리 효과를 나타낸다. 이것이 나무 투자의 진리다. 대부분 은행의 적금과 보험사의 저축보험은 모두 복리 상품이 아니라 원금에 대해서만 이자가 붙는 단리 상품이다.

복리는 1,000만 원을 연 10%의 이율로 1년간 예치하면 이자가 100만 원이 붙는다. 이 원금과 이자가 재투자되어 2년 후에는 1,210만 원이 되고, 3년 후에는 1,331만 원이 되어 빠른 속도로 돈이 불어난다.

이에 반해 단리는 1,000만 원을 연 10%의 이율로 3년을 맡기면 만기 때 1,300만 원만 받는다. 오랫동안 돈을 예치해도 기하급수적으로 불어나지 않는다. 적립식펀드도 수익이 날 경우에만 복리가 적용된다.

하지만 열악하고 극한 환경에서도 이겨내는 강인한 생명력만큼, 성장하면 성장할수록 기하급수적으로 경제적인 가치가 커지는 것이 나무의 매력이다.

장기투자, 분산투자, 자산배분 3박자를 지켜라

주가 흐름과 관련된 비유가 있다. 주인이 1km를 걷는 사이 개는 이리저리 두리번거리고 앞서거니 뒤서거니 하면서 약 4km를 걷는다고 한다. 개와 사람의 출발점과 종착역이 같다고 했을 때 주가는 개 걸음처럼 단기적으로 볼 때 방향성 없이 상승과 하락, 되돌림과 오버슈팅을 하는 것처럼 보이지만 장기적으로 볼 때 결국은 하나의 방향으로 귀결된다는 것이다.

서둘지 않고 천천히 한 목표를 향해 걸어가는 걸음새를 우보(牛步)라고 한다. '그는 항상 우보로 가지만 가다가 쉬는 일은 없었다', '인생을 살아가는 데 때로는 최후의 성공을 위해 우보를 택하는 것도 필요하다'는 표현이 있듯이 우보는 좋은 뜻으로 많이 쓰인다. 한눈팔지 않고 오로지 목표를 위해 서둘지 않고 묵묵히 제 갈 길을 간다는 표현으로 자주 애용되기도 한다. 부자들은 결코 한 방에 일확천금을 노리는 허무맹랑한 꿈을 꾸지 않는다. 그들은 거북이처럼 한 걸음 한 걸음씩 나아간다.

좋은 주식은 일정한 방향성을 갖고 소리 없이 움직인다. 그 진가가 알려지는 속도에서 빠르고 느리다는 차이만 있을 뿐이다. 마치 인생도 먼저 성공하고 나중에 성공하는 것에서 비교 대상이 될 수 있지만 후자가 훨씬 낫다.

일전에 동네 골목을 내려오다 오토바이를 운전하는 개 주인이 개를 오토바이에 묶고 가는 것을 봤다. 그 개는 두리번거릴 틈도 없기에 마치 제식훈련하는 병사처럼 오토바이 진행 방향과 똑같이 평행선을 이루며 빠른 속도로 휙 지나갔다. 우리 주식시장이 두리번거리며 우왕좌왕 산책을 하는 개보다 오토바이에 묶인 채 달리는 개 같았으면 하는 사람들이 많다.

진득하게 기다리지 못하고 서둘러 결실을 보고자 하는 마음이 강하기 때문이다. 좋은 종목을 찾기 위해서는 끊임없는 공부와 노력, 그리고 기다림의 미학이 필요하다는 점을 알면서도 여러 번 우를 범한다.

나무투자에는 무엇보다 진득함이 요구된다. 장기적인 안목에서 장기투자, 분산투자, 자신의 조건에 맞는 자산배분이란 3박자는 나무투자에도 그대로 적용된다.

나무사업을 한 지 올해로 12년째 되는 제천의 문성진 씨는 나무사업을 시작한 지 3년 만에 투자금을 모두 날린 경험이 있다. 그는 처음 나무사업을 할 때에 '3년만 지나면 수익을 얻을 수 있다'는 말을 믿고 임대한 땅에 가능한 자산을 모두 모아 투자했다. 실제 3년이 지나 투자한 금액의 2배에 가까운 금액에 문성진 씨가 심은 나무가 팔리고 있었다. 문성진 씨는 정확히 2배의 가격이 형성되었을 때 지체하지 않고 시장에 내놓았다. 그런데 막상 시장에 내 놓으니 가격은 날이 갈수록 점점 떨어졌다. 문 씨는 기다리면 가격이 오르리라는 희망으로 버텼지만, 시장은 문 씨의 바람대로 되지 않았다. 결국 본전에도 못 미치는 가격에 엄청난 손실을 보고 팔아야만 했다. 문성진 씨는 한 번에 많은 수익을 올리기 위해 인기 있는 한 수종에 그야말로 올인(All in)했던 것이 큰 손실을 보게 된 주 원인이었다. 공급과잉으로 가격이 하락해도 여러 수종을 심고 가꾼 사람들은 적당한 가격에 처분을 하거나 아니면 좀 더 키우기 위해 팔지 않아도 큰 지장이 없다. 하지만 문성진 씨처럼 한 수종에만 집중한 사람들은 손해를 감내하면서 팔 수밖에 없다. 그렇기 때문에 더 큰 손실을 입게 된다.

그 후 쓰라린 경험을 한 문성진 씨는 여러 수종을 키우는 분산투자를 하고 있고, 자금이나 능력에 맞게 자산을 배분하는 형식으로 농장을 운영하고 있다. 지금은 연순수익만 2억 가까이 올리고 있다.

나무사업은 처음에 크게 시작하는 것보다는 투자 가능한 범위 내에서 시작하는 것이 좋다. 아무리 사전조사를 하고 전문가들로부터 조언을 얻었다고 하더라도 처음 하는 일이니 만큼 당연히 시행착오도 뒤따른다. 조금씩 조금씩 불려가는 재미를 맛보

기 위해서는 여윳돈이 있을 때마다 나눠서 투자하는 식이 되어야 한다.

　서울에서 직장생활을 하는 김정순 씨는 전남 승주군에 있는 자신의 임야에 매년 투자를 한다. 지난해에는 매실나무 300그루를 심었다. 연말 인센티브로 받은 돈을 들여 묘목을 구입하고 식재작업을 했다. 그는 올해에 어떤 나무를 심을까 고민하고 있다. 김정순 씨는 여윳돈이 있을 때마다 단계적인 투자를 할 생각이다. 그리고 저축 등을 통해 5,000만 원 정도 모으게 되면 산을 평평하게 다지는 임야 개간 작업을 한 뒤, 집을 지을 공간을 마련해둘 계획이다. 자식들이 대학교에 진학할 무렵에는 아내와 같이 내려와 집을 짓고 새로운 삶을 살기 위해서다.

　은행 적금을 찾거나 주식에서 수익이 발생할 경우 일부 이익금을 회수해 나무에 투자하는 것은 좋은 방법이다. 분수보다 큰 부동산을 소유하고 있다면 이를 줄여서 남은 돈을 나무에 투자해보는 게 어떨까. 여유가 있을 때마다 '티끌 모아 태산' 식으로 나무투자에도 분산투자 원칙을 적용하면 된다.

05 높은 고정소득을 올리고 있는 나무사업가들

남편 사업을 이어받아 25년 동안 나무농사를 하고 있는 김향숙 사장

김향숙 씨가 나무사업에 뛰어든 것은 25년 전 갑자기 남편이 세상을 떠나면서부터다. 막상 남편 일을 맡았지만 막막하기만 했다. 그렇지만 손 놓고 있을 수만은 없었다. 나무에 대한 열정과 억척스러움 하나만으로 갖은 어려움을 극복해냈다. 남자도 하기 힘든 나무사업을 하면서 그녀가 느낀 것은 자식과 같은 마음으로 나무를 대하면 큰 결실로 다가온다는 사실이었다.

　나무도 상처가 나면 아파하고, 빽빽하게 나무들이 밀집돼 있으면 나무들도 답답해하고 각자 생육하기 좋은 환경을 찾아 수형을 바꾼다는 것도 자연스럽게 알게 됐다. 정을 주면 그 정을

받아주는 게 나무이고, 안아주면 성장 속도가 빨라진다는 것도 경험하게 됐다.

"나무사업을 하시는 분들이라면 다들 아시겠지만 나무만큼 정직한 것도 없습니다. 제자리에서 모든 역경과 추위를 견디며 건실하게 자라나는 모습을 보면, 인간 세상사 오염된 모습은 머릿속에서 금세 지워집니다. 이것이 바로 나무사업의 매력입니다."

그녀는 힘들지만 벼농사나 다른 작물 재배보다도 나무가 큰 수익을 안겨준다는 것을 알고 있다. 진득한 마음으로 나무 하나하나에 정성을 쏟아 부으면 어느새 어엿한 성목의 모습으로 변하게 되고, 그중에 좋은 수형을 가진 나무들은 사람들이 서로 구매를 하려고 하기 때문에 판매에는 전혀 어려움이 없다고 한다. 좋은 주인을 만나면 웃돈까지 챙길 수 있다.

그녀가 현재 운영하고 있는 농장의 규모는 5만여 평이다. 본인 소유와 임대한 땅에 2만여 그루 이상의 나무가 자라고 있다. 8점 이상의 배롱나무가 2,000주에 달하고, 8점 이상의 메타스콰이어가 6,000주이다. 꽃복숭아도 1,000주 정도 기르고 있다. 유실수도 적지 않다. 살구나무가 2,000주이고, 자두나무도 1,000주 정도 가지고 있다.

김 사장은 자식을 키우는 마음으로 나무경영을 해야 한다고 강조한다. 묘목이 성장해 성목이 되는 과정을 보면 자식 키우는 부모 심정과 비슷하다며 정성을 기울이면, 기울인 만큼 A급 나무로 크게 성장한다고 말했다.

"3년까지는 수익이 잘 나지 않습니다. 그동안 인건비 등으로 나간 경비로 인해 3년까지는 잘 수익이 나지 않습니다. 그러나 이 고비를 넘기게 되면 이후부터는 튼실한 수익이 발생합니다."

나무투자의 장점은 단순히 재산 상속의 방법으로만 이용하더라도 최소 3년 이상, 4~5년 정도 지나면 투자한 나무에서 수익을 발생시킬 수도 있다.

나무투자는 마치 호황을 이룰 때의 부동산투자와 비슷하다. 호황일 때의 부동산투자는 향후 가격 상승이 예상되는 부동산을 사놓고 일정 기간 동안 참고 기다리면 큰 수익이 생겼다. 나무 또한 장기적인 안목에서 접근하면 기대 이상의 수익을 안겨준다는 것이다. 단, 부동산투자와 다른 점이 있다면 완만한 상승세는 지속되어도 급격한 하락세는 없다는 것이다. 지금처럼 불안한 금융장세에서는 눈에 보이는 실물 경제에 투자하는 것이 바람직한데, 그 중 유망한 것이 나무투자다.

그리고 나무투자나 사업은 생각하는 것처럼 어렵지 않다. 주위에 살펴보면, 집안 소유 또는 부모님 소유의 땅을 가진 사람들이 적지 않다는 것을 새삼 알게 될 것이다. 이를 잘 활용해서 조금씩 여윳돈이 생길 때마다 투자를 하면 된다. 그런 다음 적어도

3년 이상 장기적인 안목을 가지고 정성을 들여 잘 가꾸기만 하면 된다.

고객과의 소통에 주력하여 좋은 결실을 얻은 억대 임업인

"짧은 지식으로는 실패합니다. 조언을 잘 구해서 정성과 열정을 가지고 키우면 보람도 느끼고 소득도 생깁니다."

전화기에서 들리는 한 중년 남자의 목소리는 그윽했지만 군더더기가 없는 간단명료, 그 자체였다. 조경수의 향후 전망을 묻는 질문에도 간결하게 답했다.

"너무 시류에 흔들리면 안 됩니다. 다양한 수종을 심는 방법이 안전합니다."

말보다는 실천, 몸으로 보여주는 것이 중요하다는 소신이 강한 사람이라는 것을 직감적으로 느낄 수 있었다.

58년생 개띠인 송백조경 박구성 대표도 평범한 직장인 중의 한 명이었다. 나무농사를 하던 형의 영향을 받아 25년 전 나무농사에 발을 들여놓은 것이 인생의 전환점이 됐다.

대구와 경북 의성지역 15만 평에 달하는 그의 농장에는 소나무를 비롯해 느티나무, 왕벚나무, 이팝나무, 매실나무, 살구나무 등 종류만 30여 종에 달한다. 연매출 규모는 평균 10억 원이다.

"해마다 다소 차이는 있지만 이 정도의 매출은 보장이 됩니다. 나무사업에서 실패하는 이유는 정성을 들이지 않고, 발주자나 조경업자의 요구대로 수형을 제대로 맞추지 못하기 때문입니다. 한번 신뢰를 잃으면 고정 거래선이 바로 끊겨나간다는 점을 명심해야 합니다."

박구성 대표는 이 분야에서 최고를 지향한다. 자신이 공급하는 나무가 최상품이라는 생각으로 좋은 나무 가꾸는 데 온힘을 쏟는다. 박구성 대표의 튼실한 사업구조는 직접 재배한 나무를 시공업체에 공급하기 때문이다. 조경수 공급물량의 95%를 자신이 직접 재배를 한다. 중간상인 역할만 하면 돈이 되지 않는다는 것을 누구보다 잘 알기 때문이다.

조경수는 조달청에서 고시하는 가격과 한국조경수협회에서 정한 가격이 시장공급가격이 되기에 업체가 가격을 조절할 수 있는 여지가 상대적으로 좁다. 따라서 중간상인으로 만족한다면 큰 이익을 기대할 수 없다.

최고의 품질 외에 중점을 두어야 하는 것은 소비자의 요구다. 본인이 아무리 좋은 나무라고 생각을 해도 소비자들이 외면을 하면 아무 쓸모가 없다는 것을 알아야 한다.

"소비자가 왕이지요. 소비자의 기호에 맞춰야 합니다. 시장에서 원하는 맞춤형 나무를 공급해야 하고, 많은 사람들이 좋아하는 수형을 만드는 데 주안점을 둬야 합니다."

박구성 대표의 성공 비결은 바로 여기에 있었다. 일반 소비자들의 경우 대부분 곧게 뻗은 직간형을 선호하며, 지역에 따라 선호하는 나무 형태가 다르다는 것을 알아야 한다.

"경상도의 경우 운치 있게 굽은 나무를 선호하는 반면, 서울 지역의 경우 수형이 시원하면서 곧게 자란 것을 좋아합니다. 소비자들의 성향과 기호를 잘 이해하는 것이 무엇보다 중요합니다."

박구성 대표는 성공의 노하우는 다른 데 있지 않고 평범한 진리에 있다고 한다. 모든 일에 순서가 있고, 참고 견디는 자만이 달콤한 결실을 거둘 수 있듯 나무농사도 마찬가지라는 얘기다.

"묘목을 심는다고 곧바로 수익이 나지 않고 3년 정도 정성스런 손길과 따스한 마음으로 길러야 1차 관문을 통과할 수 있습니다. 3년 된 모종의 본을 떠서 본밭에 옮겨 심은 뒤에도 지속적인 관리가 필요합니다."

그리고 성목이 될 때까지 잡초 제거에 심혈을 기울이지 않으면 나무농사를 망칠 수 있다는 점을 강조하고 있다. 나무농사를 계획하는 사람은 최소 3년에서 6년 정도의 시간을 인내해야 한다는 것은 이미 여러 번 강조하고 있는 사항이다.

박구성 대표는 좋은 나무라면 만사를 제쳐놓고 전국을 샅샅이 뒤지고 다닌다. 아파트 조경에 사용된 나무들도 정기적으로 들러보며, 잘 자라고 있는지 관리는 제대로 되고 있는지 등을 꼼꼼히 살핀다.

"그렇다고 나무사업을 어렵게 생각하면 안 됩니다. 미래는 밝습니다. 나무 수요자들의 요구가 까다로워지고 있다는 것은 그만큼 나무에 대한 일반인의 관심이 높아진 것으로 볼 수 있다는 점에서 긍정적으로 생각을 해야 합니다."

멀리 보는 자만이 승리의 기쁨을 누릴 수 있다는 진리를 빨리 깨닫는다면, 앞으로 조경수를 비롯한 나무시장은 시간이 지날수록 진가를 발휘할 것이다.

귀농 후 나무사업으로 억대 매출을 올리는 박성천 씨

요즘 시골에서 제2의 삶을 찾는 40~50대 엘리트 귀농자들이 늘고 있다. 이들은 숨 가쁘게 사는 도시생활 대신 적게 벌어 덜 쓰면서 흙을 밟고 사는 소박한 삶을 추구한다. 하지만 귀농은 말처럼 쉽지 않다.

귀농을 계획하고 있는 사람들이라면 대부분 귀농하기 몇 년 전부터 준비를 하는데, 가장 먼저 하는 것이 가까운 인근 주말농장에서 땅을 임차하여 농사에 대한 적응을 하는 것이다. 주말농장에서 어느 정도 자신이 생기면 곧바로 귀농학교를 다니면서

기술을 습득하고, 친환경 농법을 익힌 후에 본격적인 귀농을 한다. 이러한 현상은 귀농이 그만큼 어렵고 신중해야 하기 때문이다. 하지만 그렇게 철저히 준비를 했다고 해서 모두 귀농에 성공하는 것은 아니다.

귀농을 하는 대부분의 사람은 고향이 시골이든 아니든 적어도 4~50년은 도시에서 살았던 사람들이다. 자연히 시골의 생활이 익숙지 않을 수밖에 없다.

귀농에 실패하는 대표적인 이유는 대체로 혼자서 시골생활을 하거나 남편 혼자 농사를 짓는 경우가 대부분이다. 이는 귀농에 대해 부부가 서로 다른 의견을 가지고 있거나 합의가 완전히 이루어지지 않았기 때문이다.

그런데 농사나 특정작물의 재배를 목적으로 하는 귀농이 아닌 나무를 식재하고 가꾸기 위한 귀농이라면 이야기가 조금 달라진다.

경북 상주에는 젊은 귀농이 많은 데 그들 중에 나무사업을 하는 박성천 씨가 있다.

"귀농인 친구를 만나러 왔다가 우연히 이곳 땅을 보게 됐어요. 봄에 블루베리, 여름에 아오리, 겨울엔 곶감 등 계절별로 공급할 수 있는 유기농 과일농장이 잘 되는 곳이더군요. 그래서 바로 '여기다' 싶었죠. 거의 모든 과일이 잘 재배돼 다양한 품목으로 농사짓기에 적합한 지역이었거든요. 그래서 상주에는 억대 매출을 올리는 농부들이 많아요."

그는 회사에 다니며 늘 바쁘고 반복적인 일상에 지쳐 쉬고 싶었다. 그래서 평소에 자연을 벗 삼아 농사짓는 삶을 꿈꾸어 왔다. 하지만 현실적으로 어려움이 많았다. 첫째는 귀농을 위한 준비가 안 되어 있다는 것이다. 마음만 앞서 있었을 뿐 주말농장은 물론 귀농 정보조차 거의 없었다. 물론 몇 년을 두고 준비하면 해결될 문제다. 하지만 가장 큰 문제는 부인의 반대다. 서울에서 작은 식당을 운영하지만 매출이 꽤 괜찮은 편이다. 부인은 식당을 포기하고 시골로 내려가 농사를 짓는 것에는 쌍수를 들어 반대하고 있다. 아직 고등학교에 다니는 아이들 교육도 문제다.

그는 이런저런 고민을 하던 차에 과실사업은 다른 귀농처럼 부부가 함께하지 않아도 가능하다는 것을 알았다. 그런 이유로 간신히 부인의 허락을 받을 수 있었다.

"상주가 곶감으로 유명하잖아요. 그래서 감나무 농사를 시작했어요."

처음에는 감나무 밭을 인수하여 감농사를 시작했다. 서울과 상주를 왕래하면서 생활하는 것이 힘들었지만 곧 적응이 되었다.

가을에 감을 수확해서 만든 곶감은 서울, 경기도, 인천, 부산, 대구는 물론 저 멀리 강원도 산골 곰배령까지 전국 곳곳으로 팔

려나갔다. 하지만 생각보다 매출은 그리 많지 않았다. 박성천 씨는 힘든 과실 농사 대신 다른 방법을 찾기 시작했다.

"3년 전부터는 감나무 같은 과실수 외에 조경수를 심기 시작했어요. 조경수가 과실수보다 손이 덜 가고 수익도 확실해요."

박성천 씨는 나무에서 열리는 과실이 아닌, 나무 그 자체를 사업 대상으로 삼았다. 과실나무는 열매를 맺기까지 일정 시간이 지나야 하지만, 묘목이나 조경수는 상대적으로 짧은 기간에 수익을 올릴 수 있다.

박성천 씨는 감나무를 팔고 조경수를 중심으로 8종의 수종을 골고루 심었다. 상주에 머무는 시간은 늘었지만 하는 일은 오히려 줄었다. 그리고 나무를 키우는 재미는 가을에 과실을 수확하는 재미보다 몇 배는 즐거웠다.

박성천 씨는 상주에 내려온 지 벌써 5년이 되었다. 작년부터는 조경수 식재를 확대했다. 그는 올해 연매출이 1억은 될 것이라며 입가에 미소를 지었다.

농장 경영에도 전략과 전술이 필요하다

농장 경영과 나무 고르기에는 자기만의 '고독한' 전술이 필요하다. 시장 논리가 그렇듯 아무 생각 없이 따라하다간 낭패를 보기

쉽다. 어쩌다 운이 좋은 경우를 제외하고는 대부분 실패한다.

　올바른 산림 경영을 위해서는 우선적으로 식물의 특성, 토양, 방향, 성분, 번식 등에 대한 공부를 철저히 해야 한다. 무엇보다 식물의 특성에 대해 잘 알아야 한다는 점을 강조하고 싶다.

　그런 다음 자기 분수에 맞는 자금과 투자 규모를 파악한 뒤 가장 적정한 투자전략을 세워야 한다. 단기, 중기, 장기로 구분해 투자 및 수익 계획을 세워 처음부터 무리하게 투자하는 것을 삼가야 한다. 부동산과 주식 투자뿐 아니라 어떤 형태의 투자에서도 무리한 투자는 반드시 커다란 손실로 이어진다.

　20년째 나무농장을 경영하고 있는 함번웅 대표는 올바른 나무농장 경영은 정해진 순서에 따라야만 한다고 강조한다.

　그 순서는 개발계획 작성, 손익분기점 설정, 단계별 투자 안배, 중·단기 수종 선택, 적지적수, 나무식재, 정책자금 활용, 앞서 가는 경영사례 연구, 형질변경 및 농약사용 금지, 품질보증으로 신뢰확보 등이다. 여느 대기업의 경영전략보다 치밀하다.

　주식시장에서도 '현명한' 1%만이 성공을 하듯 나무사업에서도 같은 논리가 적용된다. 외환위기 때를 돌이켜 보자. 너 나 할 것 없이 부동산 매물을 내놓았고 주식을 내다 팔았다. 모두 더 큰 위험이 온다는 위기의식 때문이다. 그래서 많은 손실을 감수하

면서도 눈물을 흘리며 처분을 할 수밖에 없었다.

그런데 당시에 나무를 식재한 사람들은 부동산이나 금융상품에 투자한 사람들에 비해 손실이 거의 없었다. 그뿐 아니라 그 나무들 덕분에 돈을 벌고 있다.

그런데 지금은 상황이 또 바뀌었다. 현재 매년 나무 가격이 오르니 너도 나도 나무에 관심을 둔다. 이때가 중요하다. 투자 규모에 맞는 투자 종목(수종) 선택을 잘해야 한다. 많은 사람들이 좋다고 하는 것을 아무런 의심 없이 투자했다가는 주식시장의 추격매수처럼 생각보다 큰 낭패를 보게 된다.

현재의 인기 수종은 조만간 과잉공급에 따른 가격 하락 현상을 겪을 것이다. 부실한 농장들은 대량으로 싼 가격에 매물로 팔려고 할 것이다.

그래서 전략적으로 남들이 거들떠보지 않는 수종 발굴에 나서야 하는 것도 같은 맥락이다. 나무투자는 주식시장의 펀드 투자와 같다. 내실 있는 경영을 해야 한다. 농장을 효율적으로 운영하기 위해서는 한 수종만 심는 것이 아니라 다른 수종도 함께 식재하는 것이 좋다. 달걀을 한 바구니에 담지 않는 것처럼 한 종목(수종)에 올인하지 말라는 얘기다. 조경수로 인기가 있고 비싼 가격에 팔리는 소나무의 경우는 15년 이상의 장기적인 안목이 필요하다. 따라서 소나무만 바라볼 것이 아니라 다른 소교목도 심고 관목도 같이 키우는 식의 분산투자를 해야 한다.

각 정원수도 어떤 용도로 납품할 것인가에 대한 연구가 필요하다. 정원용으로 키울 것인지, 관공사용으로 납품할 것인지 면밀한 준비를 해야 한다.

전문화도 좋은 전략이다. 한 수종을 특화시키는 방법도 유효하다. "이 농장은 어떤 수종에 대해서는 탁월하다"는 얘기를 들을 수 있기 때문이다. 일단 괜찮은 나무를 괜찮은 가격에 판다는 소문이 나게 되면 사업은 훨씬 수월해진다.

인제에는 돌배나무가 가로수로 식재되었고 영동에는 감나무가 가로수로 심어져 있다.

온난화에 따른 수목한계선의 이동도 주요 변수가 되고 있다. 사과나무가 강원도에서 잘 자라고 있고, 녹차나무가 강릉과 인천 해안가에서도 잘 자란다. 녹나무와 후박나무가 서산 지역에서 북풍을 받으면서도 성목으로 자라고 있다. 이러한 상황을 잘 알고 전략을 짜야 한다.

조경수 사업을 시작하기에 앞서 반드시 현장 경험이 풍부한 조경사의 도움을 받는 것이 가장 바람직하다. 최대한 많은 조경수 농장을 방문해 안목을 키우는 게 중요하다. 최소 6개월의 준비기간을 거쳐야 하며 나무를 심을 때도 전문가의 조언을 구해야 한다.

조경사업 분야 1위 업체 "삼성에버랜드"

반포래미안퍼스티지 아파트
금강산의 만물상을 축소해서 재현한
폭포와 석산

삼성에버랜드의 주력 사업은 놀이공원이 아니라 다른 곳에 있다. 지난 2010년 매출(약 2조 1,000억 원) 중 레저사업부의 매출은 전체의 14%에 불과하고 환경 및 부동산 관리와 관련된 'E&A 사업부'가 매출의 절반을 차지한다.

국내 조경회사 3년간 시공실적(2010년 기준)을 보면 조경공사업으로는 삼성에버랜드가 1위다.

삼성에버랜드 조경팀은 국내 최고 수준을 자랑한다. 반포 래미안퍼스티지에 있는 10억 원짜리 느티나무와 금강산 만물상을 주제로 한 미니폭포는 삼성에버랜드 조경팀의 작품이다.

삼성에버랜드는 이제 단순 조경에서 벗어나 고풍스러우면서도 멋진 조경문화 조성에 앞장선다는 전략을 세워놓고 있다.

결론적으로 삼성에버랜드는 나무로 돈을 번 회사라고 말할 수 있다. 이미 오래전부터 나무의 가치를 알고 좋은 나무들을 확보해 놓았다. 다른 대기업들은 이제 나무사업에 진출하려고 하지만 삼성에버랜드는 오래전부터 시장의 변화를 내다보고 미리 선점하여 이익을 보고 있었다.

나무부자들

06 나무를 심는 것은 하나의 좋은 기회다

자투리땅에 나무를 심어 연 3천만 원을 버는 박석현 씨

인류가 현재의 문명을 이루며 살 수 있는 데는 많은 이유가 있을 것이다. 그중에 가장 큰 요인이라고 한다면 아마도 정착생활이라고 할 수 있다. 정착생활을 가능하게 해준 것은 농경생활 즉, 곡식을 재배할 수 있게 되었기 때문이다. 그 덕분에 인류의 문명은 급속한 발전을 이루었다. 그래서인지 우리들의 피 속에는 빈 땅을 보면 무언가 심으려는 욕구가 있다. 특히 우리나라처럼 농경이 주를 이룬 나라들은 그 특징이 잘 나타나 있다. 아파트나 집 담 옆 빈 공터만 있어도 무언가를 심고 가꾼다. 심지어 철길 옆 작은 땅에도 무언가를 심어놓은 것을 볼 수 있다.

인류가 땅을 이용하는 데 있어 초기형태는 물가를 중심으로 초원을 이용하는 경작 형식이었고, 인류가 늘어나고 도시가 발달하고 농경의 기술이 발달하면서 필요한 땅을 얻기 위해 본격적인 땅의 개간이 이루어지게 되었다. 땅의 개간은 도시개발의 시작이었다.

최첨단의 시대를 살고 있는 현대인들 역시 자투리땅을 보면 밭을 일궈 상추와 같은 채소류를 심고 가꾼다. 특히 요즘처럼 채소의 물가가 급등하는 시기일수록 더욱 심해진다.

서울에서 식당을 경영하던 박석현 씨는 5년 전에 아들에게 식당을 물려주고 경기도 이천의 한적한 곳으로 옮겼다. 근 30년을 부부가 식당에 매달리다 보니 심신이 지쳤기 때문이었다. 그동안 모은 돈으로 땅을 구입하고 부부가 지낼 뜰이 있는 작은 집도 지었다. 계곡이 집 옆으로 흘러 시원한 물소리가 마음을 편안하게 해주는 곳이었다.

"이곳에 처음 왔을 때 매우 좋았지요. 그런데 돈에 맞춰 땅을 구입하다보니 집을 짓기에는 기형적인 모양이 돼 버렸어요. 결국 집 뒤편으로 비뚤어진 삼각형 모양의 자투리땅이 남고 말았지요."

박석현 씨 부부는 처음에 그 땅에 각종 채소를 심어 가꾸었다. 그 양이 꽤 많았다. 아들 식당에 보낼 정도였다. 그런데 채소를 심고 가꾸는 재미는 그리 오래가지 않았다.

"원래는 우리 부부가 편안하게 심신을 쉬게 하기 위해 이곳으로 옮겼는데, 자투리땅을 가꾸다 보니 거의 농사를 짓는 수준이 돼 버렸어요."

박석현 씨는 과감하게 채소를 가꾸는 것을 그만두었다. 하지만 놀고 있는 땅을 보니 못내 아쉬움을 감출 수가 없었다. 그렇다고 다시 채소를 기를 수는 없었다. 한참을 고심하던 끝에 작은 집이지만 품위 있게 만들고 싶어졌다. 그래서 자투리땅에 심을 나무를 구하기 위해 묘목시장을 이리저리 돌아다녔다. 나무는 큰 손길이 필요치 않다는 이야기를 들었던 기억이 났기 때문이다.

박석현 씨는 이왕 심을 바에는 관상용으로 멋진 나무들을 심고 싶었다. 박석현 씨는 소나무와 참나무 등 중간 크기의 나무를 70여 종 심었다. 자투리땅이 작은 숲으로 바뀌었다.

박석현 씨는 조경기술도 배웠다. 나무를 가꾸기는 생각처럼 복잡하지 않은 것 같았다. 박석현 씨는 오며 가며 시간 날 때 잠깐씩 나무를 둘러보았다. 나무를 심은 후로 박석현 씨 부부는 처음 계획했던 대로 둘만의 시간을 여유롭게 보내며 심신을 쉬게 하는 삶을 살 수 있었다.

그런데 뜻하지 않은 행운이 찾아왔다. 자식들이 박석현 씨가 조성한 작은 숲을 사진으로 찍어 블로그에 올린 것이다. 우연히

그 사진을 본 중개업자가 박석현 씨를 찾아와서 나무를 좋은 값에 팔아주겠다는 제안을 했다. 처음에는 나무를 팔 생각이 없었다. 그런데 곰곰이 생각해보니 많은 시간을 투자하지 않고도 괜찮은 사업이 될 것이라는 확신이 들었다.

그때부터 나무에 대한 공부를 제대로 하기 시작했다. 그리고 무리해서 사업을 키우지 않고, 지금 있는 작은 숲에서 만족하자고 스스로 다짐을 했다.

지금 박석현 씨는 연 3천만 원의 순이익을 보고 있다. 부부가 생활하기에 부족함이 없는 돈이다. 집 뒤편의 자투리땅에서만 사업을 운영하기 때문에 많은 시간이 필요하지도 않아서 좋았다. 힘들게 채소를 키우던 자투리땅이 부부의 여유롭고 풍요로운 삶을 만들어 주었다.

우리는 흔히 나무를 심기 위해서는 넓은 땅이 필요하다고 생각하기 쉽다. 하지만 박석현 씨처럼 넓지 않은 자투리땅에도 충분히 나무를 심고 가꿀 수 있다. 그리고 시골이 아니라도 나무를 심고 가꾸는 데는 문제가 없다. 다만 우리의 생각 전환이 필요할 뿐이다. 그리고 자투리땅에서는 관상수를 심는 것이 판매와 수익을 생각한다면 아주 유리하다는 것만 알면 된다.

사기당한 땅에 심은 나무가 대박이 되었다

몇 해 전 신승철 씨는 대학 때 친하게 지내던 친구로부터 전화 한 통을 받았다. 자신의 고향 마을에 고속화도로가 생긴다며 땅을 같이 구입하자는 것이었다. 몇 년 지나지 않으면 대박이 날 것이 틀림없다며 흥분되어 있었다. 요즘 기획부동산 사기 피해가 크다는 이야기를 들었기 때문에 신승철 씨는 친구의 제안을 관심 없다며 무시해 버렸다.

그런데 그 후에도 며칠 동안 그 친구는 끈질기게 전화를 해왔다. 사실 신승철 씨는 가까운 시간 안에 목돈이 필요했다. 아파트 중도금을 내야 했기 때문이다. 신승철 씨는 우선 그 친구를 만나 자초지종을 듣기로 했다.

"이 이야기는 너한테만 하는 거야. 다른 친구들한테는 입도 뻥긋하지 않았어. 그래도 네가 친하니까 알려주는 거야."

그 친구는 자신의 친척으로부터 들은 이야기라며 이번이 아주 중요한 기회라고 했다.

"지금 다른 지역은 벌써 서울 부자들이 높은 값에 매입하고 있어. 내가 사려고 하는 땅은 아직 매매가 안 되었는데 조만간 거래가 될 것 같아. 그런데 내가 돈이 부족하지 뭐야. 그때 네 얼굴이 딱 떠오르는 거야."

친구는 어느 지역에 고속화도로가 생기며, 자신이 사려고 하

는 땅은 어디에 있는지 열심히 설명했다. 신승철 씨는 친구의 설명을 들으며 머릿속으로 그림을 그려보았다. 신승철 씨는 친구의 고향마을에 몇 번 다녀온 적이 있어 그 지역에 대해 대략적인 지리는 알고 있었기 때문에 쉽게 모습을 떠올릴 수 있었다. 친구의 말대로라면 충분히 대박의 가능성이 있는 이야기로 들렸다. 새로 건설되는 고속화도로에서도 그리 멀지 않고 마을도 지금보다 더 발전할 것이기 때문이었다. 하지만 부동산을 매입할 때는 신중하게 접근하는 것이 좋다고 판단해 신승철 씨 개인적 인맥을 통해 개발계획에 대해 알아보고 결정하기로 했다.

실제로 친구의 고향마을 앞으로 고속화도로가 건설될 계획이 있었다. 신승철 씨는 더 이상 고민할 필요가 없다고 판단했다. 그리고 구입가도 저렴한 편이었다. 신승철 씨는 친구와 함께 500평을 구입하기로 했다. 얼마 후 신문을 통해 고속화도로 계획이 공식적으로 발표되었다. 그리고 주변 땅값이 몇십 배까지 뛰었다는 기사도 봤다. 신승철 씨는 곧 대박으로 인생역전의 부푼 꿈에 사로잡혔다.

얼마 후 신승철 씨는 그 친구와 술자리를 가졌다. 그리고 그간의 시세 상승에 대해 물었다.

"우리가 산 땅. 얼마나 올랐어? 언제쯤 팔면 될까?"

"응, 올랐지. 그래도 몇 년을 기다려야지. 그러면 지금보다 더 오를 거야."

그런데 친구의 말에 평소보다 자신이 없었다.

"야. 왜 그래? 넌 하나도 기쁘지 않은 것 같다. 나는 인생에 있어 최대의 행운이 온 것 같은데 말이야."

"응, 기쁘지…. 근데 그게 말이야…."

친구는 머뭇거리더니 긴 한숨과 함께 미안하다고 했다. 순간 신승철 씨는 불길한 예감이 들어 머리가 하얗게 되었다. 신승철 씨와 친구가 구입한 땅은 고속화도로에서 멀리 떨어진 야산의 일부분이었다. 땅값이 오를 여지가 전혀 없었다. 그리고 가격도 실제 시세보다 10배 가까이 주고 구입한 것이었다.

친구는 현장 답사를 하지 않은 채 친척과 부동산중개인의 말만 듣고 매입을 한 것이다. 거기다 대지 지번도 잘못 알았던 것이다. 그야말로 사기를 당한 것이다. 신승철 씨는 당장 친구와 함께 현장에 갔다. 잡목만 무성한 야산을 바라보니 하늘이 무너지는 것 같았다. 그렇다고 친구에게 모든 책임을 물릴 수도 없었다. 친구도 함께 사기를 당한 것이기 때문이다. 그리고 현장답사도 없이 부동산중개업자의 말을 믿은 것이 잘못이었다.

신승철 씨는 아내에게 말도 못하고 속으로 끙끙 앓았다. 몸도 마음도 점점 피폐해지는 것 같았다. 그렇다고 이대로 주저앉아 있을 수만 없었다. 그때 조경회사에 다니는 친구를 만나 이런저런 이야기를 하던 차에 잘못 산 땅에 관해 이야기할 기회가 있었다.

"그런 일이 있었구나. 그 땅 내가 한 번 볼 수 있을까?"

그런데 조경회사에 다니는 그 친구가 그 땅을 보여 달라는 것이었다. 신승철 씨는 다시는 보고 싶지 않다고 했다.

"아니야. 뜻밖에 좋은 기회가 될 수 있어. 이번 주말에 같이 가자."

하는 수 없이 신승철 씨는 조경회사에 다니는 친구에게 매입한 땅을 보여주었다. 그런데 그 친구는 뜻밖의 이야기를 해주었다.

"오호, 좋은 나무들이 많은데. 조금 더 심고 잘만 가꾸면 3~4년 후에는 큰 수익이 나겠는데."

조경회사에 다니는 친구의 말에 신승철 씨는 어리둥절했다. 신승철 씨가 구입한 땅에는 소나무와 참나무 종류가 자생하고 있었고 토질도 좋았다. 그런데 신승철 씨가 처음으로 구입한 땅을 봤을 당시는 사기당했다는 분하고 흥분된 상태였기에 나무들이 모두 쓸모없는 잡목으로만 보였던 것이다. 친구는 나무사업에 필요한 여러 가지 정보와 나무 구매, 판매 등을 도와주겠다고 했다. 신승철 씨는 함께 땅을 구입한 친구와 의논해서 나무를 더 심기로 했다. 어차피 쓸모없는 땅이라고 생각했기 때문에 투자금만이라도 건질 수 있다면 좋겠다는 생각이었다.

조경회사에 다니는 친구의 도움을 받아 체계적으로 묘목을 심고 자생나무들을 관리하면서 3년이 지나자 나무들이 팔려나가기 시작했다. 1년도 되지 않아 초기 투자비용을 회수했다.

자칫 가슴 쓰린 상처로 남을 뻔했던 버려진 땅이 나무를 심고 가꿈으로써 제 가치를 찾게 되었다. 신승철 씨는 나무를 심고 가꾸면서 매년 수익이 발생하는 애물단지 땅이 이제는 보물창고나 다름없어진 것에 무한 감사를 하고 있다.

부동산 투자 + 나무투자: 두 가지를 함께 노려라

전문가들은 부동산투자는 투기가 되어서는 안 된다고 말한다. 즉, 투자만을 위해 아파트를 구입을 해서는 안 된다는 것이다. 살기에도 좋고 주변 환경도 좋다면 일단 실거주 목적으로 구입을 하는 것이 좋다. 거기에 투자 가치까지 있다면 금상첨화다. 단순 투자 목적으로만 구입을 하지 않았기에 아파트 가격이 올라가지 않더라도 마음이 불편하지 않다. 주거환경도 좋았는데 주변 개발 소식 등으로 가격까지 오르게 된다면 이보다 좋을 수 없다. 투자는 욕심을 부리지 않을 때 기대 이상의 결과를 가져다준다.

나무도 마찬가지다. 투자 목적으로 땅을 매입하면 백이면 백 모두 실패로 끝날 수 있다. 대부분 지금 임야를 사두면 나중에 수십 배의 차익을 얻을 수 있다는 기획부동산회사의 전화를 받아본 경험들이 있을 것이다. 이 말에 속아 현지답사도 하지 않고 무턱대고 임야를 사뒀다가 돈이 묶여 이러지도 저러지도 못하고 발만 동동 구르는 사례를 주위에서 쉽게 찾아볼 수 있다.

단기 이익을 얻을 목적으로 땅을 구입하는 것은 좋지 않다. 특히 나무사업을 하기 위해서는 직접 땅을 둘러보고 구입해야 한다. 그리고 직접 살펴보고 구입한 그 땅에 나무를 심고, 조경수를 심어야 한다. 그러면 나중에 개발처분이 되더라도 더한 가치를 되돌려받을 수 있다. 나중에 되팔 때 투자금에다 이익까지 얹혀 받을 수 있기 때문이다. 항상 본질이 우선이다. 단순 투자는 본질이 아니다. 과욕은 분명 화를 부른다.

명예퇴직을 한 김승원 씨는 전북 남원에 500평 정도의 밭을 구매해 나무사업을 하고 있었다. 장기적인 안목으로 노후 투자를 시작한 것이다. 500평의 작은 평수지만 조금씩 키워나갈 목적이었다. 그는 하루하루를 나무 크는 재미로 살았다. 그런데 요즘은 즐거움이 한 가지 더 생겼다. 매입한 밭의 매매가격이 자꾸만 오르는 것이었다. 주변 개발 호재가 생겼기 때문이다. 땅을 팔라고 하루에도 몇 번씩 부동산 중개업체에서 연락이 온다. 하지만 김승원 씨는 나무사업이 주목적이었기에 당분간 나무 가꾸기에만 전념할 생각이다.

"대로변 밭을 사두면 괜찮을 것이라는 말을 듣고 매입을 결정한 것이 좋은 결과를 가져왔습니다. 하지만 차익이 났다고 해서 바로 되팔 생각이 없습니다."

김승원 씨는 내심 땅값이 더 오를 것이란 기대를 하고 있다. 하루가 다르게 크는 나무가 김승원 씨의 재산을 키워주고 있고, 땅값마저 오르니 이보다 더 좋을 수 없다.

만약 부동산에 투자할 생각이 있다면, 땅을 살 수 있을 정도의 자금이 있다면, 발전 가능성이 있는 땅을 사는 것은 너무나 당연한 이치다. 그리고 그 땅을 놀려서는 안 된다. 그 땅에 나무를 심어야 한다. 왜냐하면 나중에 혹시라도 땅이 개발에 의해 수용이 되게 되면 당연히 거기에 심어져 있는 나무의 가치 역시 한꺼번에 보상이 되기 때문이다.

일거양득이라도, 땅을 사서 임대해 주고 그 땅이 개발 호재 등으로 어떻게 되기만을 바라는 수동적인 투자의 형태는 바람직하지 않다. 어떤 형태든 투자는 능동적으로 이루어져야 한다. 따라서 매입한 땅 역시 자연발생적으로 이익이 나기를 기다리지 말고 어떻게든 활용하겠다는 자세가 필요하다. 투자의 관점을

두 가지 이상으로 가져야 한다. 매입한 땅의 가치가 계속 상승하리라는 보장은 어느 누구도 할 수 없다. 그리고 가치가 얼마만큼 상승할지도 알 수 없다. 하지만 나무사업을 했을 때는 땅의 가치가 하락하더라도 나무 판매에 따른 수익으로 투자의 리스크를 줄일 수 있다. 그뿐만 아니라 땅의 가치가 상승하면 나무의 가치로 인해 더욱 그 가치가 오를 것이다.

나무사업에 관심이 있는 사람이라면 땅을 매입하여 나무를 심는 것과 부동산 이익을 함께 생각해 본다면 좀 더 좋은 미래의 그림을 그릴 수 있을 것이다.

진화하는 산림테크

그뿐만 아니라 요즘은 나무를 심고 가꾸어 파는 것에서 한 단계 진화한 산림테크가 빠르게 확산되고 있다.

산악스포츠, 산림휴양, 산림치유 등 사람과 숲의 관계에 대한 중요성이 강조되면서 산림이 사람들에게 어떤 도움을 줄지에 대한 논의도 광범위하게 확산되고 있다. 산업화가 진행되면서 아이들에게 잃어버린 자연을 찾아주자는 의도에서 등장한 것이 숲 유치원이다. 숲 유치원에서 아이들은 사물에 대한 창의성이 증진되고 언어구사력도 향상된다. 또 자연 체험을 통해 탐구생활이 자연스럽게 이뤄지고 어린이들은 숲에서 활동하면서 신체와 영혼까지 성장시킬 수 있다.

최근 지리산 둘레길을 찾고 있는 사람들이 크게 늘고 있다. 지난해 추석 기간에만 8만여 명이나 이곳을 찾았다. 경제적 파급효과는 15억여 원에 달한다. 산을 찾는 국민들뿐만 아니라 지역도 함께 발전하는 녹색복지의 대표적인 사례 중 하나다. 이에 따라 숲길 활용에 대한 마스터플랜이 마련돼야 한다는 지적이 많다. 좀 더 효율적인 방안이 마련되면 사회적인 큰 틀로 자리 잡을 수 있기 때문이다. 올레길, 둘레길의 성공으로 전국의 숲은 지금 걷기 좋은 숲길로 재탄생하고 있다.

산림청은 생애 주기별 프로그램까지 마련해놓고 있다. 획기적인 제도로 평가를 받고 있다. 숲태교도 인기를 끌고 있다. 미혼모들의 우울증 해소와 정서안정에 긍정적이라는 연구 결과가 과학적으로 입증됐고, 중고등학교 문제 학생을 대상으로 숲 치유 프로그램을 적용한 결과 정서적 안정과 행동변화에 큰 효과가 나타났다는 발표도 속속 나오고 있다.

이제 나무, 즉 삼림의 경제적 효과는 기대 이상으로 급상승하고 있다. 조경의 중요성 또한 높아져 이제는 생활 밀착형이 요구되고 있다. 눈에 보이지 않는 경제적 효과와 삼림테크에도 관심을 기울일 필요가 있다.

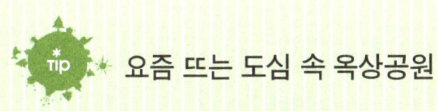 

요즘 뜨는 도심 속 옥상공원

인구가 밀집해 있고 각종 건축물과 시설물들이 빼곡히 들어서 있는 도시에서는 녹지공간을 찾아보기가 어렵다. 특히 대도시의 경우는 더욱 심하다. 녹지를 조성하기 위해서는 그에 맞는 일정한 토지가 있어야 하는 데 도심에서 그만한 땅을 구하기가 쉽지 않다. 경제적인 문제가 가장 크다. 그 대안으로 떠오른 것이 자투리땅에 녹지를 조성하는 것이다. 건물 사이, 담과 담 사이, 아파트 베란다 등과 같은 작은 공간에서 시작한 자발적 녹지 조성이 옥상으로까지 올라간 것이다. 처음 '옥상정원'은 19세기 독일에서 화재 예방을 위해 지붕에 흙을 덮으면서 시작하였는데, 풀씨가 날아와 번식하면서 자연스럽게 현재의 옥상녹화로 연결됐다.

우리나라에서도 기존 각 건물 옥상에 개별적으로 가꾸던 것이 1998년 분당에 지어진 경동보일러 사옥의 '하늘동산 21'이 첫 도심 속 옥상정원으로 계획 조성되었다. 이를 계기로 옥상정원 수가 늘었고, 지난 2002년 서울시가 옥상녹화 지원사업을 벌이면서부터 관심이 더욱 높아졌다.

기업들도 새 사옥 옥상에 잇따라 옥상정원을 조성하고 있다. 한글과 컴퓨터, LG구리백화점, 한겨레신문사, 한국화학시험연구원 등은 일찌감치 옥상정원을 마련했다. 옥상정원은 휴식공간이나 쉼터의 기능 외에 아이들의 생태학습에도 큰 도움을 주고 있다. 그뿐만 아니라 일부 회사의 옥상은 이미 드라마 촬영지는 물론이고, 결혼식장, 카페 등 상업시설로까지 쓰이고 있다.

서울 종로구 서린동 SK 본사 빌딩도 조경이 잘돼 있는 곳 중의 하나다. 소나무와 배롱나무 등이 잘 자라고 있고, 나무 밑 그늘진 곳에는 맥문동을 심어놨다. 단풍나무도 적단풍과 청단풍을 조화롭게 식재해 미관 효과를 높이고 있다.

07 나무사업을 위해 발품을 파는 사람들

나무 중개만으로 연 1억을 버는 송재선 사장

그린터치 송재선 사장이 나무 중개를 한 것도 어느덧 16년이 지났다. 아버지가 조경사업을 했기 때문에 송재선 사장은 어릴 적부터 아버지를 따라 조경 현장에 다니기도 하고 공사에 필요한 나무를 수집하고 식재하는 장면을 자연스럽게 접하게 됐다. 어깨너머 배운 안목과 식견이 지금까지 이어진 것이다.

"옮겨온 나무를 심으면서 물을 주는 작업을 거들어 주기도 했습니다. 어떤 나무가 좋은 나무이고 어떤 식으로 나무를 유통해야 하는지를 몸으로 체득하게 됐습니다. 나이가 들면서는 그냥 노력봉사만을 할 것이 아니라 보다 깊이 있게 일을 배우고 싶었어요. 그런 저의 마음을 꿰뚫어 본 아버지는 시간당 얼마씩 아르

바이트비를 주면서 저를 작업에 임하게 하셨어요. 프로 근성을 갖도록 배려를 해주신 거지요."

송재선 사장은 군 제대 후 사업자 등록을 내고 본격적으로 나무사업에 투신했다.

송재선 사장은 나무사업을 하는데 있어서는 발주를 한 건설업체에게 약속한 대로 품질 좋은 나무를 공급하는 것을 가장 중요시한다.

"소비자들의 눈높이가 높아졌습니다. 대충대충하는 시대는 지났지요. 주문한 대로 규격과 수형이 맞는 나무가 시공 되었는지 꼼꼼하게 살핍니다. 얼핏 보면 사업하기가 더 어렵게 됐지만 그만큼 앞으로 나무사업 분야의 발전 가능성이 높다고 할 수 있지요."

송재선 사장은 지금도 약속을 잘 지키는 몇몇 나무 공급업자들 하고만 거래를 한다. 그래야 갈수록 까다로워지는 소비자들의 욕구를 충족시키고, 발주처에게 신용을 지킬 수 있다고 굳게 믿기 때문이다.

그의 역할을 정확하게 말하면 나무농사를 하는 사람과 건설업체나 관공서 등을 이어주는 중개인이다. 중간에서 수급 역할을 하는 셈이다. 그러기에 어느 지역에 어떤 나무가 있고, 어느 때쯤이면 어떤 나무들이 많이 필요한지 속속들이 알고 있다. 그의 수첩에는 전국의 나무 현황과 나무 농사하는 사람들의 연락처가 빼곡히 적혀 있다.

"전에는 학교공사에서 조경을 할 때 B급과 C급을 많이 썼으나 최근에는 모두 A급 나무를 쓰도록 하고 있습니다. 최근 용인 신갈에서 학교 조경공사를 했는데, 경기도교육청에서는 조례를 정해 식재되는 나무 모두를 A급으로 맞춰 달라고 요구했지요."

그만큼 나무를 보는 눈이 높아졌고, 가급적이면 품질 좋은 나무를 원하고 있는 것이다.

"그리 키가 크지 않은 나무를 중관목이라고 하는데요. 요즘 사철나무나 화살나무의 중관목이 많이 식재가 되고 있습니다. H(높이)1.2 × W(폭)0.4를 공급받기로 하고 계약을 했는데 막상 공사현장에 도착한 것을 보니 당초 주문한 것에 비해 폭이 좁은 것이 많아 곤욕을 치른 적이 있습니다. 중관목은 키보다는 폭이 중요하거든요."

현장에서 가장 중요하게 보는 것은 규격 미달이다. 약속한 대로 규격에 맞는 품질 좋은 나무는 결국 원청업자(건설업체) 등으로부터 불만이 제기되고 그만큼 신용도는 떨어지게 된다.

현재 구매자나 원청업자들이 과거와 달리 나무의 생김새와 모양을 많이 따진다. 그만큼 소비자들의 욕구와 니즈(needs)가 까다로워졌다는 것을 반증하는 것이고, 특히나 나무 수형에 대한 관심이 높아졌다는 것을 말해준다. 나무와 조경에 대한 관심이

높아지면서 더욱 좋은 나무를 원하고 있어, 정성을 들여 빼어난 수형으로 자란 나무는 시장에서 높은 가격을 받는다. 여기서 간과해서는 안 될 것이 있다. 당장 눈앞의 이익보다는 다소 멀리 보고 품질 좋은 나무를 생산해야 한다는 점이다. 나무와 조경에 대한 관심이 고조되면서 기왕이면 더욱 좋은 품질의 나무를 시장에서 선호하고 있고, 나무의 가치에 따라 분위기와 건물의 가치가 상승한다는 것을 소비자들은 이미 알고 있기 때문이다.

그리고 무엇보다 중요한 것은 '돈이 되는 나무가 뭐냐'는 식으로 접근을 하지 말고 우직하게 나무농사를 하는 것이 중요하다. 시장 수급상황을 수시로 체크하며 동향을 살피는 것 이상으로 향후 인기 수종이 뭐가 될지 아무도 단언할 수 없는 상황에서 시류에 휩쓸리지 말고 꿋꿋하게 나무농사에 임하는 것도 중요하다. 88년 올림픽이 좋은 사례다. 당시 나무 수요가 급증한 상황에서 너나 할 것 없이 돈 되는 수종을 심었다가 올림픽 이후 수요 급감으로 큰 손실을 입은 적이 있다.

"현재 대부분의 나무농사 하시는 분들이 영세합니다. 몇몇 수종을 가꾸고 있지만 수량이 많지 않아 여기저기 수소문해가면서 수량을 맞춰야 하는 실정입니다."

투자한 자본 규모가 크지 않아 적게는 5종에서 많게는 10종 정도만을 가꾸고 있어 대형 주문을 소화하지 못하고 있다.

나무도 마찬가지로 적기에 유통이 되지 않으면 손실을 보게 된다. 따라서 나무농사를 하는 사람들은 전국의 유통망 동향을 면밀하게 살펴야 하고 신용도 높은 유통업자와의 거래를 돈독히 해야 한다. 조경에 대한 관심이 높아지면서 최근 몇 년 사이 괜찮은 수목들의 경우 단가가 올라가고 있고 몇몇 인기 수종은 구하기가 어려워졌다.

　"세상 모든 일이 그렇지만 이 분야에서도 손이 많이 가야 품질이 높아집니다. 급하게 3~5년 안에 수익을 내려고 하지 말고 긴 안목으로 10년을 보는 시각이 필요합니다. 나무를 제대로 키운 사람들이 빛을 볼 것입니다."

　송재선 사장은 3년 만에 수익을 기대하는 것도 좋지만 좀 더 긴 안목을 가진다면 지금보다 더 큰 것을 얻게 될 것이라고 했다.

조력자를 구하고, 정보를 공유하라

연립주택에 투자를 하는, 이른바 복부인들은 그들만의 독특한 분업 투자 방법이 있다. 서로 일거리를 나눈다는 것이다. 구청 등 지자체에 찾아가 자료조사 및 서류신청을 담당하는 사람, 건축업자와의 일을 담당하는 사람, 분양을 담당하는 사람 등으로 분업을 한다는 것이었다. 이들은 혼자 감당하기 힘든 전체 투자

금액을 똑같이 나눠 투자해서 분양을 완료한 뒤 분양 수익을 골고루 나눈다. 효율적인 투자 방법이라고 할 수 있다.

나무농사를 전업으로 하는 사람들도 이처럼 수시로 정보를 교환하고 새로운 정보를 발 빠르게 얻어야 한다. 누가 더 많은 정보를 갖고 있느냐가 나무사업의 성패를 좌우하기 때문이다. 어느 지역의 어떤 나무를 좋은 가격에 살 수 있는지를 알고 있는 사람과 그렇지 않은 사람과는 큰 차이가 있게 마련이다. 그렇다고 자신의 이익만 얻으려고 정보를 공유하지 않고 혼자만 알고 있다고 해서 더 많은 이익을 얻는 것은 더욱 아니다. 상대방에게 좋은 정보가 되는 것은 아낌없이 주어야 한다. 나중에 그들에게 도움을 받게 되기 때문이다.

이제 나무사업을 한 지 3년을 갓 넘긴 한성욱 씨는 정보에 대한 중요성을 누구보다 잘 알고 있다. 나무사업을 하기 전에 정보처리 관련된 일을 했기 때문도 있지만 초기에 쓰라린 경험을 몇 번 했기 때문이다.

한씨는 처음에 본격적으로 나무사업에 뛰어들기 전에 누구보다 많은 정보를 확보했다. 현장 답사는 물론 다른 농장을 견학하여 농장주로부터 들은 이야기들을 꼼꼼하게 정리했다. 실패를 하지 않기 위해서, 이른 시일에 사업의 안정을 찾기 위해서 정보가 무엇보다 중요하다는 것을 알기 때문이었다.

　어느 정도 정보를 얻고 익힌 후 본격적으로 나무사업을 시작한 한성욱 씨는 처음 일 년이 지나면서 수익을 냈다. 시장에서 인기 있을 단기 품종을 예측한 것이 적중한 것이었다. 그 후 한성욱 씨는 정보를 더욱 중요하게 생각하고 스스로 분석하고 판단한 정보를 신줏단지 모시듯 어느 누구에게도 공개하지 않았다.

　가끔 중개인들이나 주변의 농장주들이 수요 예측 등에 관해 물어왔지만 알려주지 않았다. 그런데 2년째 되는 해부터는 손실이 나기 시작했다. 한성욱 씨가 단기 판매를 예상하고 구입한 나무가 시장에서 냉대를 받았다. 성장이 제대로 되지 않았던 것이다. 한성욱 씨는 여러 정보를 이용해 시장 판매 분석에는 나름대로 치밀했지만 정작 중요한 나무 식생과 성장에 대한 정보는 많지 않았던 것이다. 그리고 나무는 날씨와 주변 환경에 따라 성장에 영향을 받는다는 것을 잘 몰랐다. 결국 한성욱 씨는 그동안 냉담하게 대했던 주변의 농장주들을 찾아다녔지만 그동안의 행동으로 인해 별 도움을 받지 못했다. 그때 중개인을 통해 알게 된 A 농장주를 찾아가 염치불구하고 나무의 식생과 성장에 대한 정보와 도움을 받을 수 있었다. A 농장주는 한성욱 씨의 행동에 섭섭한 마음이 들었지만 같은 업종에 종사하는 것에 대한 연대감으로, 그리고 예전의 자신의 모습을 보는 것 같아 아낌없이 도

움을 주었다. 한성욱 씨는 도움에 대한 고마움으로 자신이 분석한 시장정보나 수요예측에 대한 부분을 공개하고 공유하기 시작했다. 처음에는 아까운 마음도 들었지만 정보를 공유함으로써 더 많은 정보를 얻을 수 있고 시장 분석을 더 치밀하게 할 수 있었다. 정보는 가둬두면 쓸모가 없어진다는 것을 깨달았다.

그 후 한성욱 씨는 벌써 3년째 A 농장주와 '형님', '동생'하며 친밀하게 왕래하며 서로의 도움이 될 만한 것들을 알아서 챙겨준다. 한성욱 씨는 자신에게 부족한 나무를 기르는 노하우에 대한 부분을 채워주는 최고의 조력자를 얻은 것이다. 만약 김씨가 A 농장주의 도움을 받지 못했다면 아마도 일찌감치 사업을 접었을 것이다.

투자는 경제적으로 하는 투자만 있는 것이 아니다. 정보를 공유하고 친분을 맺는 것도 일종의 투자다. 특히 나무사업에 있어 조력자를 얻고 함께 공유할 수 있는 무언가가 있다는 것은 아주 중요한 부분을 차지한다.

요즘 한성욱 씨는 새로운 조력자를 얻기 위해 주변 농장이나 중개인들을 만나고 자신의 정보를 공유하며 발품을 팔고 다닌다.

아직 우리나라 나무시장이 성숙 단계에 이르지 않았기에 정확한 정보를 파악하기 쉽지 않다. 따라서 그동안 신뢰를 쌓은 다른 사업자들과 자주 연락을 하며 친분을 쌓아야 한다. 부족한 수종이 무엇이고, 요즘 시장에서 수요가 많은 수종이 무엇인지, 그리고 시비주기나 풀뽑기 등 나무재배에서 어려움이 있을 때마다 먼저 나무사업을 시작한 선배들에게 도움을 청해 궁금증과 어려움을 해소해야 한다.

우리나라는 외국에 비해 조경수 생산업이 빈약하고 계획성 없이 과잉생산과 상품화를 만드는 데 부족한 실정이다. 또 조경수종에 대한 생리, 생태에 대하여 정확하게 알지 못하고 비전문적으로 재배 관리를 하는 경우도 많고 기계화되지 않고 사람의 인력으로 충당하여 노무비용이 많아 손실을 보고 있다. 증식기술도 다양화되지 못하고 있다. 무성번식(접목, 삽목), 조직배양, 종자발아에 관한 기술이 아직 낮은 수준이다. 따라서 서로 정보를 공유하면 큰 이점이 있다.

광주광역시에서 묘목 사업을 하는 김광식 씨는 다른 사업과 달리 네트워크가 중요하다는 사실을 알고, 식재 묘목을 고를 때 서로 업무를 분담한다. 김광식 씨 친구들은 올해 각자 무엇을 심을 것인지에 대한 정보를 공개한다. 서로 재배가 가능한 수종을 얘기하고, 부족한 것은 다른 친구에게 부탁을 한다. 다른 친구에게 부탁해서 식재한 묘목은 되사주기도 하고, 본인이 풍족하게 가지고 있는 수종에 대해서는 싼값에 공급해주는 등 윈윈 전략

을 실행에 옮기고 있다.

  이처럼 어떤 사람을 사업의 조력자로 하느냐에 따라 사업의 성패는 물론 사업의 즐거움도 차이가 난다. 특히 정보 면에서 나무사업은 좋은 조력자가 반드시 필요하다.

  그리고 현재 나무사업을 생각하고 있다면 처음부터 배우자와 함께 생각하고 계획을 짜고 투자를 해야 한다. 배우자는 어느 누구보다 훌륭한 조력자이기 때문이다. 성공한 부자들 뒤에는 항상 훌륭한 배우자가 있듯, 나무사업 역시 혼자만의 힘으로는 성공하기는 결코 쉽지 않다. 따라서 인생의 동반자가 조력자가 된다는 것은 천군만마의 효과 이상을 누릴 수 있다.

08 나무 고수들의 비법

주식 대신 나무로 재테크를 하는 김영수 씨

몇 년 전 펀드의 바람이 세차게 분 적이 있다. 그 당시에 최소한 펀드 하나 정도에 투자하지 않으면 자신의 인생과 미래에 대해 무책임한 사람으로 취급받을 정도로 전 국민 사이에 광풍이 불어닥쳤다. 그러다가 세계 금융 위기로 인한 펀드 대란이 일어나면서 엄청난 손실에 남몰래 눈물을 흘린 사람이 한둘이 아니다. 반 토막이라도 남았으면 감사할 정도였다. 그 당시 '묻지 마' 투자식으로 펀드에 가입한 사람들은 이제 펀드라면 진저리를 친다. 하지만 아직도 많은 사람들이 펀드에 투자하고 있다.

여윳돈이 생기면 주식이나 펀드 등 금융상품에 투자하는 이유는 부동산을 살 만큼의 자금을 마련하기 힘들기 때문이다. 그렇다고 현재의 시세를 보았을 때 부동산이 안전한 것도 아니다. 어찌 보면 선택의 폭이 제한되어 있기 때문일 수도 있다.

현재 중견기업에 다니는 김영수 씨도 보너스가 생기거나 여윳돈이 생기면 주식에 투자했고, 용돈을 아껴 일정 정도의 목돈이 생기면 펀드에 가입했다. 그런데 주식투자는 정보를 많이 가지고 있다고 수익을 내는 것이 아니었다. 오를 것 같아 사면 다음날 곤두박질하고, 수익이 난 것 같아 팔면 바로 상한가를 기록하는 등, 손발이 맞지 않는 매매가 몇 번 이어지더니 금방 손실을 보고 말았다.

손실이 나면 그것을 메우기 위해 무리하게 자금을 투자하게 되고 더 큰 손실을 맞게 된다. 김영수 씨도 1년을 그렇게 버티다 깨끗이 포기하고 말았다. 부인 몰래 마련해둔 여윳돈, 비상금을 모두 날렸다.

"요즘 단기적인 투자의 생각으로 주식을 하는 사람들을 보면 참 답답합니다. 과연 주식투자로 얼마나 수익을 올릴 수 있을까요? 대다수의 투자자들이 단기적인 매매 방법으로 일시적인 수익은 발행했지만 후에는 단 한 번의 잘못된 투자로 투자금을 모두 날리는 것을 허다하게 봤습니다. 주위에 단기적인 투자로 잘못된 친구가 많이 있어요."

김영수 씨는 주식을 그만두고 나서 소액으로 안전하게 투자할 수 있는 재테크 수단에 대해 공부하기 시작했다. 여러 가지 재테크 수단을 가지고 시뮬레이션도 해보고, 이미 경험한 사람들의 이야기도 들었다. 그중에 그렇게 많이 알려지지는 않았지만 가장 안정적인 투자처를 찾았다.

"저는 나무에 장기투자하기로 했습니다. 나무라는 것은 자라면 자랄수록 몸값이 뛰기 때문이죠. 요즘은 주위의 친구들에게 주식하지 말고 나무에 투자하라고 권하고 있습니다. 벌써 몇 명은 주식을 접고 나무에 투자하고 있어요."

이제 김영수 씨는 나무를 키우는 일에 푹 빠져 있다. 늘 숨 조이며 주식 시황을 보면서 스트레스를 받았는데, 이제는 좋은 공기를 마시며 나무가 커가는 것만큼 가치도 커가는 것을 눈으로 확인하는 맛에 생활이 즐겁다고 한다.

김영수 씨가 지인들에게 밝히는 나무 투자 비법 5가지다

1. 매년 봄, 가을 모은 돈을 가지고 나무를 100~200주 단위로 사서 심는다.
2. 어느 정도 나무가 자랐을 때, 필요한 임자를 만났을 때 주위의 다양한 정보를 통하여 현 시세를 파악한 뒤 수익을 챙긴다.
3. 다양한 수종의 나무를 꾸준히 심는다. 예를 들어 500주를 심는다고 했을 때 100주는 벚나무, 100주는 꽃사과, 100주

는 산딸나무, 100주는 이팝나무, 100주는 느티나무 이런 식으로 다양한 수종을 심는다.
4. 기본적으로 조경 관련 카페에 가입하여 꾸준히 활동하고 다양한 네트워크를 가지려 노력한다. 또한 자신이 보유하고 있는 나무를 꾸준히 업데이트한다.
5. 일단 나무를 심었으면 지긋이 기다리면서 나무가 잘 자랄 수 있도록 노력한다.

갖은 시행착오 끝에 일궈낸 성공 스토리
신용남 씨의 나무 사랑

"처음부터 회양목과 철쭉을 했었더라면 지금보다는 나았을 것입니다."

해병대 장교 출신인 신용남 씨는 전북 부안에서 나무농사를 하면서 여러 시행착오를 많이 겪었다. 신용남 씨는 해병대 퇴역 이후 전문건설업체 사장을 하면서 틈틈이 전북 부안에 내려가 나무농사를 했다.

그가 나무농사를 본격화한 것은 2007년부터다. 이제 만 5년 정도밖에 되지 않았지만 그가 재배하고 있는 나무는 소나무 4,000그루를 비롯해 키 1m 50cm × 폭 1m 80cm의 품질 좋은 반송 150주와 배롱나무 350주, 회양목과 철쭉 50만 주 등이다. 소나무의 경우 일반공사목보다는 수형이 아름다운 조경관상용이 대부분이다.

처음에는 무작정 소나무가 좋아 소나무에만 몰두했다. 거친 환경 속에서도 우아한 자태를 하고 있는 소나무의 매력에 흠뻑 빠진 상태였다. 혼자 있기를 좋아하면서도 붉은빛을 내는 소나무 껍질에 유연한 곡선의 소나무 자태가 너무도 아름다웠기 때문이다.

본격적으로 나무농사를 한 기간이 길지 않음에도 안정적인 기반을 마련한 것은 그의 선친 영향이 컸다. 선친께서 9,000평 정도의 임야에서 나무농사를 하셨기에 남들보다 나무에 대해 먼저 알았고 많은 것을 배울 수 있었다.

"나무농사를 할 경우에는 단기, 중기, 장기 전략을 세우고 임해야 합니다. 소나무가 너무 좋아 소나무만 심었던 것이 수익적인 측면에서 좋지 않은 결과를 가져왔지요. 자금회전율을 높이기 위해서는 회양목과 철쭉 등 수급이 원활한 품목도 포함시켜야 합니다."

나무농사를 준비하는 이에게는 금과옥조와 같은 말이다. 신용남 씨는 나무말채, 쥐똥나무, 참빛살나무 등 중간목도 가꾸고 있다. 수익 다변화를 위해서다.

소나무 농사는 까다로운 것으로 알려져 있다. 병충해도 적지 않고 같은 나이의 묘목이라도 자라는 속도가 천차만별이다. 1년에 10cm밖에 자라지 않는 것이 있는가 하면 어떤 것은 50~70cm 훌쩍 자라는 것도 있다. 소나무는 개별 수종마다 개성이 강한 나무라는 점에서 일률적인 관리가 쉽지 않다. 또 소나무는 15점 이상이 되어야 상업성이 있다. 그리고 나무농사에서 가장 중요한 것 중의 하나가 토양이다.

"흙이 왜 중요하냐 하면요…. 진흙이 너무 많으면 배수가 잘되지 않습니다. 그렇다고 모래만 있을 경우는 더욱 좋지 않고요. 나중에 분뜨기를 할 때 나무 뿌리가 흙을 움켜주고 있을 정도로 진흙과 투수성(물스밈성)이 좋은 흙이 잘 섞여 있어야 합니다."

토양의 중요성에 대한 그의 설명은 계속됐다.

"팁을 하나 알려드릴까요? 밭이나 임야를 매입할 때 그 지역에 오래 거주한 분들의 얘기를 귀담아들어야 합니다. 물이 잘 빠지는 땅인지, 땅 힘이 좋은지 등을 말이죠."

거름도 소거름이 좋다고 한다. 돼지 분뇨와 닭 분뇨 등은 사료가 많이 들어가 있어 완전 발효가 되지 않는다는 것이다. 소를 키우면서 나무농사를 하면 일거양득이라고 조언을 해주었다.

그가 또 강조한 것은 농사에서는 무엇보다 '때'를 넘기면 안 된다는 것이었다. 오늘 일을 내일로 미루면 안 되듯이 나무농사에서도 이 같은 철칙은 통했다.

"내일 비가 온다고 해도 오늘 뿌려야 할 씨앗은 오늘 파종을 해야 합니다. 농약도 아무 때나 치는 것이 아닙니다. 처음에는 이 사실을 몰라 하루 종일 농약을 친 적이 있습니다. 욕심을 낸다고 했는데, 결국은 무위였습니다. 오전 10시부터 낮 12시 사이에 하는 것이 제일 좋습니다."

그의 말을 요약하면 새벽 시간에 농약작업을 하게 되면 효과가 없다는 것이었다. 이슬이 맺혀 있는 상태인데다 대부분 해충

들이 몸은 숨기고 있는 상태여서 농약 약효가 없다고 말했다.

'나무야 빨리 커라. 풀들아 제발 자라지 말아라.' 나무 농사하는 사람들의 염원이다.

나무농사에서 가장 어려운 것 중의 하나가 잡초와의 전쟁이다. 그러나 그의 생각은 달랐다. "풀을 모두 없애는 것만이 능사가 아닙니다. 풀이 너무 없어도 좋지 않은 것이지요. 풀의 미세한 뿌리가 흙을 잡고 있는데 풀이 하나도 없고 나무만 있게 되면 큰비가 올 경우 흙이 쉽게 유실됩니다. 나무와 풀은 서로 경쟁을 하면서도 공생을 합니다."

가지치기 또한 초보자가 유념해야 할 대목이다.

"처음에 소나무 3년생과 5년생을 구입해 심었는데요. 5년생 나무의 가지를 너무 많이 친 것이 화근이었습니다. 나중엔 가지를 많이 치지 않은 3년생이 더 왕성하게 자라더군요."

수형만을 생각해서 너무 많은 가지를 치게 되면 나무 성장이 저해되고 잘 자라지 못하기 때문이다.

"제 말씀은 결론적으로 참고 기다려야 한다는 것입니다. 인내하는 자만이 과실을 얻을 수 있습니다. 저는 마음이 부자입니다. 건설업체를 운영할 당시에는 매일매일 내일 날씨를 보고 잠자리에 들었습니다. 비나 눈이 오느냐 그렇지 않느냐에 따라서 공사에 큰 차질이 있기 때문입니다. 그러나 지금은 날이 궂고 좋지 않아도 걱정이 되지 않습니다. 나무는 이런 상황에서도 자라는 강한 생명력을 가지고 있으니까요."

그의 나무 사랑은 여기서 끝나지 않았다.

"제가 키우는 나무들 밑에 있으면 나무들의 소리를 들을 수 있습니다. 같은 나무라도 어떤 가지는 짙푸른 모습을 하고 있고 다른 가지는 노랗게 물들어가듯이, 우리 몸에서도 오른팔은 괜찮은데 왼팔만 아픈 경우가 있잖아요. 나무도 사람과 똑같습니다."

"생명 자체를 좋아해야 합니다. 나무농사 하는 일을 노동으로 생각해서는 안 되고 즐거움으로 생각해야 합니다."

나무농사를 하려는 사람이 꼭 기억해야 할 것이 뭐냐는 질문에 그가 답한 말이었다.

인터넷에 무궁무진한 정보가 있다

현재 우리가 살고 있는 세상에는 정보의 보고인 인터넷이 있다. 모든 산업이 마찬가지겠지만 인터넷을 통해 정보가 생성되고, 소수들만이 알고 있던 고급정보가 오픈이 되어 대다수의 사람이 알게 되었다.

조경산업과 나무 역시 예전에는 소수 사람들만이 알고 있던

신용남 씨가 전하는 나무농사 시행착오 줄이는 법

1. 억압하지 말고 자연스럽게 키워라. 너무 가지치기를 자주 하지 마라.
2. 기다릴 줄 알아야 한다. 모든 것이 그렇듯 첫술에 배부를 수 없다.
3. 한 사람의 자문을 구하라. 나무를 보는 시각이 다 다르다. 각기 취향과 개성이 다르기 때문이다. 가지치기 일을 맡길 때마다 느낀 것인데, 어떤 사람은 통풍이 잘 들도록 하는 데 주안점을 두고, 어떤 사람은 수형을 잡는 것 위주로 가지치기 작업을 한다.
4. 나무 식물의 생리를 알아야 한다. 햇빛이 잘 들지 않는 북향을 좋아하는 나무도 있다. 나무를 많이 보고 접해야 한다. 나무 보러 가는 것을 즐겁게 생각해야 한다. 눈썰미 외에 손썰미도 있어야 한다.
5. 단기, 중기, 장기 전략을 세워야 한다. 한나무에 올인하지 말고 여러 수종을 심어라.
6. 시대적인 취향이 있다. 선호 수종이 바뀐다. 시류에 너무 민감하게 대응하지 마라.

산업이었다. 정보가 없으니 소수 사람들이 그 정보를 독점하고 그 정보에 의하여 부를 축적했다. 그런데 인터넷이라는 공간을 자세히 살펴보면, 조경업을 하고 있는 사업장과 나무를 직거래하는 사이트, 그리고 나무를 잘 재배할 수 있는 방법 등을 가르쳐 주는 카페가 많이 있음을 알 수 있다.

충남 서천에서 주말에 나무농장을 하는 이성춘 씨의 이야기는 우리에게 시사하는 바가 크다. "제가 어느 날 인터넷 서핑을 하다가 우연찮은 기회에 '엘티'라는 조경카페를 알게 됐습니다, 나무를 심어서 잘 가꾸고 그것을 돈이 되게 파는 방법까지 다양한 정보들이 있는 것이었습니다. 그러다가 정기 모임에도 참석을 하게 되고 결국 지금은 충남 서천에 있는 2,000평의 땅에 다양한 종류의 묘목을 심은 지 3년이 되었습니다."

'엘티'(http://cafe.naver.com/zmsrlf33349894545)는 조경토탈 정보를 제공하는 곳으로 나무 마니아들이 자주 방문하는 사이트 중 하나다.

우리나라에서 나무 거래 시장은 아직 활성화되어 있지 않다. 구체적인 나무 거래 정보도 부족한데다 개인 간 거래가 주를 이루고 있다는 점에서 초기 단계라고 할 수 있다.

그러던 중 지난 2009년 생산자와 조경회사 간의 거래를 보다 활발하게 할 필요성을 느낀 전강옥 사장은 '엘티'라는 나무 거래 전문 카페를 개설했다.

"부끄러운 이야기지만 솔직히 그동안의 나무 거래를 보면 투명한 거래가 많지 않았습니다. 그럴싸하게 약속을 해놓고 물건을 받아보면 실망감을 감추기 어려울 정도였습니다. 나도 속았으니 너도 속아봐라는 식의 속고 속이는 거래가 다반사일 정도였습니다."

이런 풍토에서 전강옥 사장은 좋은 나무를 시장에 알리고 필요한 나무를 회원들에게 적극 소개하는 것이 시장 활성화의 밑거름이 될 것이라는 생각으로 시작했다.

투명한 거래에 대한 인식이 넓어지면서 현재 조경수협회가 구성되었지만 아직 제 역할을 하지 못하고 있는 실정이다.

우리나라 조경수 시장 규모는 한 해 5조 원 정도다. 그러나 인터넷을 통해 거래는 전체의 5% 정도에 불과하다. 교보문고, 인터파크, 예스24와 같이 인터넷 판매가 큰 비중을 차지하고 있는 책 시장과는 천양지차이다.

"물건(나무)을 직접 보고 안 보고가 정말 중요합니다. 파는 사람들은 자신이 파는 나무가 정말 좋은 나무라고 생각을 하지만, 사는 사람은 그렇게 생각하지 않습니다. 서로의 입장 차이가 큽니다."

전 사장은 나무를 구입할 때 사이트에 있는 사진만 봐서는 안 된다고 권고한다. 반드시 현물을 보고 구입하는 습관을 들여야 한다고 귀띔한다. 따라서 이 시장에서도 단골을 통한 네트워크가 중요하다. 오랫동안 거래를 하다 보면 서로 믿고 거래할 수 있는 믿음이 생기고 이러한 믿음이 쌓이기 위해서는 숱한 시행착오가 뒤따른다.

그는 현재 조경수 경매시장을 만들기 위한 작업을 진행 중이다. 서로 믿고 거래할 수 있는 시장을 만들기 위해서다. 체계적인 나무 거래를 통해 현재의 소규모 거래에서 대규모 거래로 시장의 틀을 바꿀 생각이다.

이를 위해 각 시군 단위별 지부장을 선발해 교육을 하고 있고 지부별로 정기적으로 경매가 진행되도록 한다는 계획이다.

그는 현재 시장에 12~15년 정도의 다 자란 성목이 많지 않은 것은 아직 우리나라 나무 시장이 초기 단계이기 때문이고, 그렇기 때문에 앞으로 나무농사가 매력을 끄는 이유라고 한다.

양용순 씨는 어느 날 인터넷 검색을 하다 서울시 시설관리공단이 조경사업을 한다는 소식을 접하고 나서 나무가 돈이 될 것이라는 믿음 아래 나무사업을 시작했다. 보도 내용은 서울시 시설관리공단이 동부간선도로와 올림픽대로 일부 구간 도로변을 측백나무와 사철나무, 장미 등으로 가득한 자연공간으로 변모시킬 계획이라는 것이었다. 이 계획에 따라 올림픽대로에 '왕벚나무 길', 강변북로에 '이팝나무 길', 동부간선도로에 '장미벨드' 등이 조성된다. 이 사업에 들어가는 나무는 측백나무, 사철나무, 사계장미, 담쟁이, 비비추 등 무려 6만 7,000여 주나 됐다.

강현수 씨는 산림청과 농촌진흥청을 인터넷 즐겨찾기로 해놓

한국조경신문 홈페이지에서는 조경업계 관련 다양한 정보들을 제공받을 수 있다

고 수시로 들어가 본다. 경제 수림의 경우 정부가 무상지원하는 경우가 많고, 일부의 경우 수림 조성에 필요한 인력까지 공급하고 있다. 그만큼 산림 조성에 대한 정부의 의지가 강하다.

나무와 조경에 관심이 있는 사람이라면 국립산림과학원(www.kfri.go.kr), 농촌진흥청(www.rda.go.kr) 산림청(www.forest.go.kr), 사단법인 한국조경수협회(www.klta.or.kr), 농지은행(www.fbo.or.kr) 홈페이지를 자주 방문하는 것이 좋다. 나무 직거래 사이트도 활성화되고 있다. 트리디비(www.treedb.co.kr)는 수목 매물 활성화라는 취지에서 10년 전에 개설된 사이트로, 생산자와 소비자의 비합리적인 수목 유통과정을 개혁해 양자 간 직거래 유통을 성공적으로 안착시키는 데 도움을 줬다는 평가를 받고 있다.

이 사이트에서는 원하는 조경수목을 쉽게 찾을 수 있도록 해놓았고, 직접 농장주와 연결되기 때문에 경비와 노력 등을 절감할 수 있다.

 ## 입찰사이트를 통한 낙찰 조경업체 확인 방법

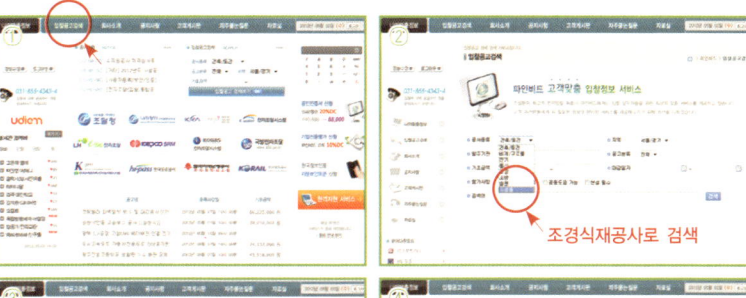

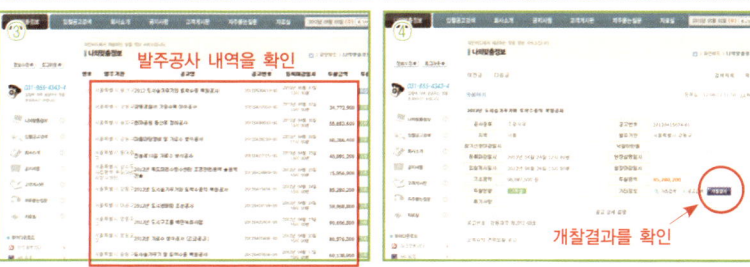

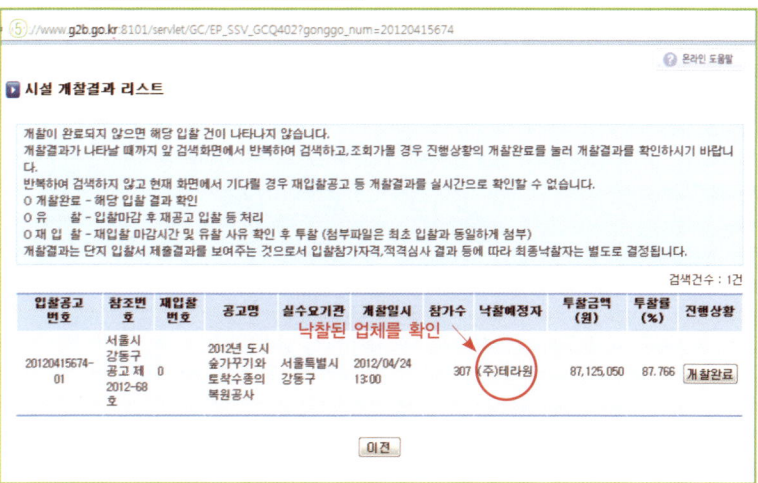

① 나라장터나 입찰사이트에 회원으로 가입하여 입찰 정보를 열람할 수 있다
② 입찰사이트에서 조경식재공사만을 지정 검색할 수 있다
③ 지역별 입찰 정보내역을 확인할 수 있다
④ 입찰정보내역이 검색이 되면 이 정보를 기반으로 필요한 나무의 내역을 확인할 수 있다
⑤ 낙찰예정자를 확인할 수 있으므로 이 업체에 연락을 하여 본인의 나무 정보를 제공한다

section

02

나무 부자가 되기 위한
솔루션 A에서 Z까지

Chapter 1

나무 심기 전에 알아야 할 것들

01   굳이 땅을 매입하지 않아도 된다
02   농업회사법인을 만들어라
03   묘목시장 탐방하기, 실체를 확인하라

01 굳이 땅을 매입하지 않아도 된다

나무에 투자하여 돈을 벌기 위해서는 묘목을 심거나 주변에 좋은 나무를 싸게 구입해서 이식해야 한다. 그리고 좋은 가격에 팔면 된다(나무를 파는 방법은 지자체, 산림청 등 관공서 납품, 조경회사에 직접 납품하는 방법 등 여러 가지가 있는데, 뒤에서 자세하게 다루기로 하겠다). 우선 나무를 심기 위해 기본적으로 땅을 어떻게 확보할 것인가가 중요하다.

그런데 땅을 매입하게 되면 초기 투자비용이 너무 많이 든다. 그래서 생각할 수 있는 방법이 땅을 임차하는 방법이다.

경기도 이천에서 나무사업을 하는 조현호 씨는 2005년 나무를 실어 나르는 화물운전을 하다가 나무로 부자가 될 수 있다는 생

각에 어깨너머로 배운 나무에 관련된 지식을 토대로 나무사업을 시작하였다. 그런데 화물운전을 하던 그가 돈이 있을 리는 만무했다. 그는 이런저런 궁리를 하다가 땅을 임차하는 방법으로 나무사업을 시작했다. 지금은 1년에 수억 원을 버는, 성공한 나무부자가 되었다.

나무를 심을 땅이 없는데 어떻게 나무를 심을 수가 있겠느냐고 반문을 할 수 있을 것이다. 물론 땅을 사서 나무를 심게 되면 그것보다 좋은 일이 어디 있을까마는 땅을 사려면 많은 돈이 있어야 하는데, 여유자금이 있는 사람들이 많지 않다. 그렇기 때문에 임차가 유일한 대안이다.

장호원이나 이천 정도의 수도권에 임차를 하게 되면 1년에 평당 1,500원 정도에 임차가 가능하다. 1,000평을 임차해도 1년에 150만 원의 임차료를 내면 된다. 나무로 벌어들일 비용을 생각하면 이 비용의 포지션은 극히 일부가 된다.

그럼 어떻게 임차를 할 수 있을까?

가장 간단한 방법은 장호원, 이천 등 원하는 지역의 부동산중개업자들을 통하는 것이다. 부동산중개업자들의 광범위한 네트워크를 통하여 원하는 땅을 임차하는 것이다. 이때 잊지 말아야 할 것은 반드시 중개업자들과 함께 현장 답사를 반드시 해야 한

수도권 인근의 부동산 사무실

다는 것이다.

중개업자를 먼저 통하지 않고 직접 현지 조사를 하는 방법도 있다. 우선 마음에 둔 지역을 먼저 정하고 시간이 날 때마다 현장에 답사를 다녀오는 것이 좋다. 특히 눈이 녹고 새싹이 파릇파릇 돋을 3~4월 무렵에 발품을 파는 것이 좋다.

이 시기에는 그동안 임대가 되지 않았던 좋은 땅을 싸고 저렴하게 임차할 수 있다. 왜냐하면 수도권 근교의 땅의 주인은 대부분 외지인들이 많다. 그들은 밭농사 등으로 임대를 놓아야 하는데 3월까지 임대가 되지 않은 땅이 있다면 좋은 조건에 임차를 할 수 있다. 즉 봄이 됐는데도 경작을 하지 않는 밭이 노지 상태로 방치돼 있다면 현지 임차인이 올해에는 경작을 하지 않겠다는 의미다. 그런 밭은 집주인을 찾아가 흥정만 잘하면 쉽게 싼값에 임차할 수 있다. 땅 주인 입장에서 볼 때 자기 밭에 유해물질이 들어서는 것도 아니고, 임대수입을 챙길 수 있다는 점에서 임대계약은 그리 어렵지 않게 성사되는 경우가 많다. 좋은 주인을 만나면 싼값에, 그것도 장기 임차까지 가능하다.

양수리 근교에서 나무농사를 하고 있는 이준성 씨는 문중 땅을 임차하는 것을 권한다. 왜냐하면 문중 땅은 매매에 대한 부담이 없기 때문에 오랜 시간 안정적으로 땅을 임차할 수 있기 때문이다. 또한 문중 입장에서도 땅을 그냥 놀리느니 임대수입이라도 올릴 수 있고 이러한 이유 때문에 문중 땅을 알아보는 것이 좋은 방법이다.

조경수목으로 수입을 올리고자 한다면 최소한 일정 규모 이상의 면적은 기본이다. 차량이 진입할 수 있는 여건이 돼야 하고 전기와 수자원이 필요하다. 수목 식재의 단기, 중기, 장기 계획에 따라 수목을 식재할 위치와 접근성이 차이가 있기 때문이다.

면적이 500㎡(160평) 미만이라면 대추나무, 매실나무 등의 유실수와 철쭉이나 금낭화 같은 숙근성 야생화, 잔디 등을 식재하면 좋다.

조경수를 심으려면 적어도 1,000㎡(300평) 정도는 돼야 한다. 그리고 10,000㎡(3,000평) 이상의 전답이나 토지를 활용한다면 반드시 전문가의 조언을 받아 장기간에 걸쳐 투자를 해야 한다.

1,000평 정도의 땅을 마련했다고 해서 1,000평 모두에 나무를 식재해서는 안 된다. 절반 정도만을 나무 식재 공간으로 활용하고 나머지 절반은 나무를 이식해서 일정 기간 놓아두는 공간으로 활용하는 것이 좋다.

임차든 매입이든 일단 땅을 구하게 되면 대부분의 사람들은 그 땅의 크기에 따라 식재할 나무를 선택한다. 땅에 맞는 식재를 선택하는 것은 매우 중요한 일이다. 땅은 그리 크지 않은데 큰 나무를 식재하는 것은 누가 봐도 비효율적이기 때문이다. 하지만 땅을 구하는 것보다 더 선행되어야 하는 것이 있다. 땅을 구입하기 전에 어떤 나무를 식재할 것인지 미리 계획을 세우는 것이 무엇보다 중요하다. 땅부터 구하게 되면 그 땅에 맞는 나무를 식재하기 위해 계획에 없던 나무나 수량에 변화가 생기게 되고, 따라서 사업 계획 전체가 흐트러지게 된다.

그러므로 식재 계획을 먼저 세우고 그 계획에 맞는 땅을 구하는 것이 좋다. 그래야 장기적인 안목으로 접근할 수 있고 수익도 그만큼 늘어나게 된다.

 ## 임대 밭을 선택할 때 고려해야 할 사항들

도로가 잘 연결되어 있는 농장(5톤 트럭이 들어갈 수 있는 조건)

물을 주기에 원활한 곳에 입지해야 한다

02 농업회사법인을 만들어라

나무사업은 혼자 하기 어렵다고 생각하는 사람들이 있다. 특히 경제적인 이유로 누군가와 동업의 형태로 사업을 하는 사람들이 있다. 사회에서의 일반적인 인식이 동업을 하면 반드시 의가 상하거나 갈라서게 된다는 것이다. 사업이라는 것이 이윤추구를 목표로 하기 때문에 동업을 하게 되면 이익의 배분 등으로 문제가 발생할 소지가 많은 것은 사실이다. 그런데 나무사업은 여러 명이 동업의 형태로 할 때 이러한 분쟁의 소지를 미연에 방지하기 위한 방법이 있다. '농업회사법인'을 만들면 된다.

농업회사법인은 우선 여러 명의 지인과 함께 나무를 심었기 때문에 나중에 이익 배분에 있어서 문제가 될 수도 있는 상황이 발생하는 것을 미리 예방하기 위한 측면과 농업회사법인에 주어지는 다양한 혜택들(비료를 사더라도 농협을 통하여 좀 더 싸게 살 수 있는 등)의 여러 가지 장점이 있다. 물론 세금 혜택도 볼 수 있다. 기업으로 농업을 경영하거나 농산물을 유통, 가공, 판매하려는 사람이나 농업인의 농작업을 대행하려는 사람은 대통령령이 정하는 바에 따라 농업회사법인을 만들 수 있다.

농업인이 아닌 사람도 일정 비율의 범위 내에서 농업회사법인에 출자할 수 있다. 출자 한도는 총 출자액의 3/4까지다. 우선 농업회사법인(농업경영체)을 만들려면 어떠한 규정이 있어야 하는지부터 살펴보자.

첫째로 농업인이 한 명은 있어야 한다. 농업인은 1,000m^2 이상의 농지를 경영하거나 경작하는 사람, 또는 농업 경영을 통한 농산물의 연간 판매액이 120만 원 이상인 사람, 또는 1년 중 90일 이상을 농업에 종사하는 사람, 또는 영농조합법인의 농산물 출하·가공·수출 활동에 1년 이상 계속하여 고용된 사람을 말한다.

농업회사법인을 설립하기 위해서는 농업인과 농산물의 생산자단체의 발기에 이어 정관을 작성하고 사원의 모집 및 명부의 작성, 설립연도의 사업계획, 주식의 납입과 현물출자의 이행 등의 절차를 거쳐 창립총회를 개최하면 된다.

이어 대표이사와 임원 등을 선출하고 창립총회 의사록, 정관, 출자자산의 내역, 대표이사의 주민등록등본 등 서류를 갖춰 관할 등기소에 설립등기를 하면 된다.

농업회사법인에 대해서는 다양한 세제 혜택이 주어진다. 농업소득에 대한 법인세가 면제되고, 농업 외 소득에 대해서도 최초 소득이 발생한 연도와 그다음 3년 간 50%의 법인세가 감면된다. 그리고 8년 이상 계속 경작자가 농업법인에 양도 시 양도세가 면제되고, 창업 후 영농에 사용하기 위해 2년 이내 취득한 부동산에 대해서는 취득세 면제 혜택이 있다. 이밖에 농업소득에서 발생한 배당소득에 대해 소득세를 내지 않아도 된다.

비료, 농약, 농업 기자재, 친환경 농자재에 대해서는 영세율이 적용되고, 농업용 석유류 구입 시에도 부가가치세가 감면된다. 소규모가 아닌 2,000평 이상의 농장을 여러 명이 함께 경영할 계획이 있다면 농업회사법인을 추진해보는 것도 좋은 방법이다.

그뿐만 아니라 다양한 융자, 세제 혜택이 있다. 농업인에 대한 저금리 융자 상품은 산림청 경영지원팀(042-481-4190), 산림조합중앙회 신용사업부(02-3434-7221), 국립 산림과학원 경제과(02-3434-7209)로 문의하면 된다. 소득세, 법인세 감면 혜택도 다양하게 지원된다. 예를 들어 297,000㎡ 이내의 산림을 영농 자녀에게 증여하면 증여세도 면제된다. 자기자본이나 기술이 부족해 산림을 경영하기 어려운 경우에는 산림조합에 대리경영을 맡기는 것도 한 방법이다.

농업법인회사의 개요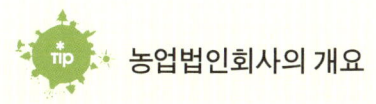

구분	농업회사법인(農業會社法人)
성격	기업적 농업 경영
설립관련규정	농업·농촌기본법 제16조
설립자격	농업인, 농산물의 생산자단체
발기인수 (정관작성자)	* 합자회사 : 유·무한 각1인 이상 * 합명회사 : 2인 이상이 사원(무한) * 유한회사 : 2인 이상 50인 이내(1인 이상의 사원) * 주식회사 : 1인 이상(발기인 수 제한 없음)
출자	* 농지, 현금, 기타 현물 * 비농업인 출자한도 : 총출자액의 3/4(법 시행령 제20조)
의결권	* 출자지분에 한함
사업	* 농업 경영, 농산물의 유통·가공·판매 농작업 대행 * 영농에 필요한 자재의 생산·공급, 종자생산 및 종균배양 사업 * 농산물의 구매·비축사업 * 농기계 기타장비의 임대수리·보관 * 소규모 관개시설의 수탁·관리 (법 시행령 제21조)
농지소유	* 소유 가능 　(농업인이 대표자, 업무집행권을 갖은 자가 1/2 이상 농업인) * 농지법 제2조
타법준용	* 상법 중 회사에 관한 규정을 준용(법 제16조제5항)
설립운용	* 농업인이 자율적 설립·운용
생산자단체의 가입	* 농업협동조합, 산림조합 및 엽연초생산협동조합 　(법 제15조 제4항, 동법 시행령 제11조)
구성원의 종류	* 합자회사 : 유한·무한책임 사원 * 합명회사 : 무한책임사원 * 유한회사 : 유한책임사원 * 주식회사 : 주주

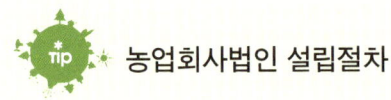 **농업회사법인 설립절차**

① 발기(법 제16조)
- 농업인과 농산물의 생산자단체
- 회사형태(합명, 합자, 유한, 주식)

동 의 자
- 발기인

② 정관의 작성 (상법 제178조, 제270조, 제289조, 543조)
- 공동 = 전원 일치

③ 기타 설립에 필요한 행위
- 사원의 모집, 명부의 작성
- 총 출자 좌수의 결정
- 설립년도의 사업계획
- 주식의 납입과 현물출자의 이행

④ 창립총회(주식회사)
- 정관의 승인
- 임원의 선출(이사회 구성, 임원 = 사원)
- 설립년도 사업계획의 승인

〈설립사무의 인계〉

⑤ 이사회(대표이사)

〈출자증서의 발행〉

⑥ 출자의 불입
- 출자금 불입
- 현물출자의 평가

⑦ 설립등기(상법 제180조, 제271조, 제317조, 제549조)
- 등기신청서(신청인 = 대표이사)
  - 첨부서류 : 창립총회 의사록, 정관(공증), 출자자산의 내역, 대표이사의 주민등록등본

▼〈설립〉

⑧ 관할등기소(상법 제172조)
- 소재지 관할 지방법원, 지원, 등기소

등기부등본

⑨ 법인설립 신고(30일 이내)
- 등기부등본
- 정관(현물출자 목적의 명세서)
- 출자자의 주소, 성명, 출자지분을 기재한 명세서 등

관할세무서장

03 묘목시장 탐방하기. 실체를 확인하라

전국에는 특징적인 상품을 유통하기 위한 시장이 많다. 어촌의 어시장이 그렇고 소를 파는 우시장이 그렇다. 인삼을 사고파는 인삼시장, 꽃을 파는 꽃시장, 한약재를 파는 약령시장 등 그 수가 많다. 그렇다면 나무도 이러한 시장이 있을까?

전국에는 충북 옥천군 이원면과 양재동 묘목시장, 대구 등 여러 군데에 나무시장이 있다. 이중 옥천 시장이 규모가 큰 편이다. 통상 3월과 9월에 큰 장이 선다. 이곳에서 국내의 모든 묘목이 거래된다고 생각해도 과언이 아니다.

묘목을 살 때의 기본 원칙은 직접 눈으로 확인하고 구매를 해야 한다는 것이다. 특히 시장에 갈 때는 향후 나무시장 동향을 파악하는데 도움을 얻기 위해 잘 나가는 수종이 뭔지 눈여겨봐

양재동 묘목시장

야 한다. 다른 투자와 마찬가지로 나무투자를 할 때에도 소문만 믿고 덜컥 나무를 매입하면 100% 낭패를 당하기 십상이다. 절대 시장에 흘러다니는 정보에 혹하지 말고 직접 실체를 확인해야 한다. 묘목은 1년생, 2년생, 3년생 등 다양하다. 필요에 따라서는 시장의 흐름을 파악하면 된다. 예를 들어 작년에 많이 팔렸던 수종은 3년생으로 구입해서 남들보다 좀 더 빨리 나무를 키워 놓으면 빠르게 돈으로 환급받을 수 있다.

전라남도 무안에서 나무를 재배하고 있는 김성국 씨는 묘목시장에서 묘목을 구입할 때의 요령과 낭패를 경험했던 일들을 털

묘목시장 홈페이지에 올라온 클레임에 관련된 글

어놓았다.

"2009년도에 2년생 느티나무 묘목을 1,000주 정도 심으려고 계획을 세웠죠. 서울의 양재동까지 시간을 내서 갔습니다. 묘목시장 여러 군데를 돌아다녀서 2년생 치고 수형이 좋은 느티나무를 발견했죠. 당시 시장가격으로 한 주에 2,000원, 총 200만 원을 지불하고 구매 계약서에 서명하고 10일 후에 나무를 받는 것으로 하고 무안으로 내려왔습니다. 그런데 막상 나무를 받고 보니 시장에서 본 나무보다는 수형이 떨어지는 나무가 왔습니다. 전화를 걸어서 하소연해 본들 아무 소용이 없었습니다."

결국 김성국 씨는 이런 경험을 통하여 묘목을 구입할 때는 당시 시장에서 질 좋은 나무를 바로 구매하여 화물차로 운반해 오

가식 모습

고 있다. 물론 바로 나무를 심을 수 없다 하여도 가식의 형태로 나무를 심어 놓은 후에 다음 날이든 가까운 시일 내에 나무 심는 작업을 하면 되므로 아무 문제가 없다는 것이다.

기본적인 묘목시장의 구조와 역할에 대한 이야기는 충북 제천에서 나무를 심은 황오영 씨의 이야기로 대신하고자 한다.

"나무는 묘목시장에만 있는 것이 아니라 사실은 산지가 따로 있습니다. 그래서 위에서 이야기했듯이 실제로 본 나무가 오지 않고 다른 나무가 오게 되는 경우가 생기는 것입니다."

이런 낭패를 당하지 않으려면 시장 경험이 풍부해야 한다. 직접 경험하면 좋겠지만 그것이 힘들다면 경험자들의 경험담을 귀담아듣는 것도 좋다. 세상의 그 어떤 두려운 것도 실체를 파악하고 나면 두려움이 가시기 마련이다.

Tip 전국묘목시장

상일동 화훼 단지 : 강동구 상일동과 경기 하남시 초이동에 걸쳐 있다.

과천묘목시장 : 경기 과천시 주암동 일대에 몰려 있는 묘목시장. 관엽류와 난·초화류가 주종을 이룬다. 유실수 같은 정원수도 만날 수 있다.

전의묘목시장 : 충남 연기군 전의면. 전국 묘목시장의 80%를 차지하고 있다.

옥천묘목시장 : 전국 최대 묘목산지. 500여 농가가 140ha에서 한해 1천 200만 그루의 과수와 조경수를 생산해 전국에 공급한다.

경산묘목시장 - 경산 하양읍 환상리. 100여 년의 전통이 있는 경산묘목사업에서는 680여 호의 농가와 450ha의 면적에서 연간 과수 2천만 주, 장미 400만 주, 기타 600만 주 등 3천만 주의 묘목을 생산 판매하고 있다.

Chapter 2

어떤 나무를 구입해야 할까

04   유통을 알고 직거래하자
05   '싼 게 비지떡'
        점(나무의 굵기)이 더 좋은 것을 구입하라
06   좋은 나무를 고르기 위해서는 발품을 팔아라
07   가로수로 뽑히기 위한 조건

04 유통을 알고 직거래하자

 나무 유통 구조는 속칭 '나까마'라고 부르는 나무 중간 유통업자를 통한 방법과 인터넷 등을 통한 직거래 방법이 있다.

 그런데 인터넷이 아닌 일반적인 나무 유통시장의 구조는 복잡하다. 조경수목의 생산은 여러 경로로 이루어지고 있으며 중간 단계의 하청이 발생하기 때문에 매우 복잡한 구조를 갖고 있다. 조경수목의 생산 단계에서 중간상인의 개입이 많아지고 하청 단계가 많아질수록 생산 과정에서 빠져나가는 중간 이득이 크기 때문에 생산자의 판매가격이 낮아지든지 아니면 실수요자의 구입 가격이 높아지게 되어 악영향을 미친다. 그리고 유통구조가 복잡해지면 수목의 품질에 대한 책임도 애매해질뿐더러 불성실한 중간상인은 운반비를 줄이기 위해서 과다적재를 행하는 등으로 수목의 품질이 저하될 우려가 많다.

조경수목 생산 중간 단계에서 중간상인이 취하는 이익에 대해서 정확한 통계는 없지만 30~50% 정도의 이익을 중간 단계를 거칠 때마다 얻는 것으로 나타나 있다. 이와 같은 중간 이익이 사실이라면, 중간 단계를 거칠 때마다 단가가 올라가는 사례가 많아진다. 그리고 이들 중간상인들은 대부분 영업장소를 개점하여 영업을 하는 게 아닌데다 거래상의 신용을 믿을 수 없는 행위가 자주 발생하여 유통 질서가 바로 서지 않는 경우가 많다.

나무 유통 구조를 현실화하고 합리화하기 위해 '나무 생산자 유통 영농 조합법인'이라는 단체가 만들어졌다. 생산자-나까마-조경수 수요자로 이어지는 불합리한 구조에서 생산자-영농조합-조경수 수요자로 이어지는 구조를 만들어 중간판매업자(나까마)들에 의한 부당한 수수료를 줄이고 직거래 수준의 유통구조를 만들어 가려고 하고 있다.

나무를 구입할 때는 농장주가 나무를 캐서 보내주는 방법과 구매자가 직접 와서 캐가는 방법이 있다. 묘목을 구입할 때는 가급적 농장주로부터 직접 구입하는 것이 좋다. 원하는 수종을 원하는 수량만큼 구입할 수가 있고, 나무의 상태를 눈으로 확인할 수 있다는 게 큰 장점이다. 현장을 방문하기 전, 사진 등을 통해

조경수 매물 매입 전문 인터넷 사이트 트리디비

조경에 관련된 인터넷 커뮤니티 카페 '엘티'

조경에 관련된 인터넷 커뮤니티 카페 '세상의 조경을 말한다 조경커뮤니티'

인터넷 사이트에 나무 사진을 찍어서 올릴 경우는 단풍나무의 크기를 알 수 있도록 사람이 서 있는 상태에서 찍어야 한다.

나무의 굵기(점수)를 알 수 있도록 나무의 하단을 줄자로 재서 인터넷 사이트에 올린다

나무 상태 등을 알아보고 방문하는 것이 시간 낭비를 줄일 수 있다.

나무를 파는 방법은 여러 가지다. 최근에는 인터넷을 통해 판매와 구입이 활성화되어 있어 이를 활용하는 것도 도움이 된다.

인터넷 공간을 자세히 살펴보면 조경업을 하고 있는 사업장과 나무를 직거래하는 사이트, 그리고 나무를 잘 재배할 수 있는 방법 등을 알려 주는 카페가 많이 있다.

조경회사나 임협 등을 통해 판매할 수 있고 조경수 관련 단체에 가입해 판로를 확보하는 방법도 있다. 요즘에는 나무를 직접 사고팔 수 있는 인터넷 사이트도 있다.

대표적인 나무 직거래 사이트는 트리디비(www.treedb.co.kr)와 조경 토탈 정보 '엘티'(http://cafe.naver.com/zmsrlf33349894545), 세상의 조경을 말한다 '조경커뮤니티'(http://cafe.naver.com/teamsis/)가 대표적이다.

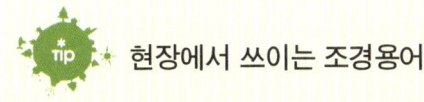 

현장에서 쓰이는 조경용어

1. **목대(가격, 값)** 산이나 농장에 서 있는 나무 그대로의 가격을 말한다. 즉, 굴취되지 않은 상태 그대로의 가격을 말한다.

2. **작상가(가격, 값)** 조경수를 굴취 작업 후, 운반을 위해 차에 싣기(상차)까지의 가격을 말한다. 즉, 작상가 = 목대(나무가격) + 굴취비용 + 상차비용

3. **도착도(가격, 값)** 조경수를 굴취 작업 후, 상차비와 목적지까지 운반하는 가격을 말한다. 즉, 도착도 = 목대(나무가격) + 굴취비용 + 상차비용 + 운반비용

4. **모찌(모찌고미)** 산채송을 가식장으로 옮겨 심어 일정 기간이 지난 나무. 가식 기간으로는 3년 6개월~4년 사이가 적당하다. 기간이 짧으면 전지한 가지의 밀식도가 낮아 산채송 같은 느낌이 든다. 그리고 5년이 넘으면 반생까지 삭아버려 다시 분작업을 해야 한다.

5. **밥(가지의 생김새)** 가식 후에 가지에 붙은 잎들의 밀도를 이를 때 쓰는 말이다. 전지한 가지의 나 있는 잎들의 모양을 뜻하기도 한다.

자료출처: 팀시스 [TeamSiS]

05 '싼 게 비지떡' – 점(나무의 굵기)이 더 좋은 것을 구입하라

"전문가라고 하는 제가 작년 11월에 3년생 느티나무 1,000주를 사서 심었는데 올해 3월이 되었는데도 나무의 순이 나지 않는 거예요. 자세히 보니 나무들이 동해를 입은 거예요."

10년째 이천에서 나무사업을 하는 김환주 씨는 자신의 실수담을 이야기하면서 너털웃음을 지었다. 지금 생각해도 어이가 없다는 것이다. 나무를 고를 때는 누구보다 신중하게 이것저것 따지는 편이지만 그때는 그러지를 못했다.

"작년에 제가 집안일 때문에 경제적으로 조금 어려웠어요. 그래서 가격이 조금 낮은 나무를 구입했던 게 오히려 더 큰 손실이 되었네요. 역시 싼 게 비지떡이란 말이 맞아요."

김환주 씨는 나무에 투자할 때는 아낌없이 투자해야 하며, 싼 묘목은 분명 무언가 이유가 있으니 주의하라고 한다.

그렇다. 김환주 씨의 말처럼 싼 게 비지떡이다.

같은 묘목인데도 500원짜리가 있고 800원짜리가 있다면 아끼지 말고 800원짜리 묘목을 구입하라. 800원 가치가 있기에 그만큼 가격이 비싸다. 싼 것은 뭔가 하자가 있다. 동해를 입었거나 상처가 난 것이 많다. 동해를 입은 것은 구입할 때 멀쩡해 보이지만 나중에 식재를 하게 되면 쉽게 뿌리내리지 못하고 말라버린다.

'뭐, 특별한 차이가 있겠어?' 하는 마음에 조금 싼 품종을 사게 되면 결과적으로 관리에 더 많은 돈이 들게 되는 것이다. 죽지 않고 자라더라도 잔병치레가 많거나 성장이 더디고, 수형이 좋지 않아 결국 애물단지가 되는 경우도 많다.

보기 좋은 떡이 먹기도 좋다고 했던가. 비싸게 주고 산 묘목은 반드시 향후에 그 가치를 한다. 그러기 위해서는 수형이 좋은 나무를 골라야 한다. 지하고(p. 157 참조)가 높은 나무, 곧은 나무, 곧게 나온 줄기에서 가지가 3개 정도로 퍼진 나무가 비싼 값을 받는다. 그리고 같은 수종에 같은 가격이라면 점이 좋은 묘목을 고르는 것이 좋다. 그래야 향후 식생에 문제가 없이 잘 자란다.

다시 한 번 강조하지만 묘목은 직접 찾아가서 눈으로 확인하고 제 값을 주는 것이 좋다.

그리고 묘목은 점이 더 좋은 것으로 구입하는 것이 판매를 할 때는 훨씬 유리하다. 처음에는 점이 낮은 것이 가격이 싸기 때문에 이익인 것처럼 보이지만 결과적으로는 이익이 크지 않다.

곤지암에서 나무농장을 하는 장영수 씨의 이야기를 들으면 명확히 알 수 있다.

"제가 2년생 벚나무 묘목(1,500원)과 3년생 벚나무 묘목(3,000원)을 같은 시기에 같은 밭에 똑같이 심었는데 성장의 속도가 너무나 차이가 나서 2년생은 5년 만에 6점이 되고 3년생은 3년 만에 6점이 되어서 팔았습니다."

처음에는 2년생 묘목이라도 잘만 키우면 금방 성장하리라 생각했지만, 이식 후의 나무가 적응하는 과정에서 생기는 스트레스 등을 생각지 못한 것이다. 결국 6점이 되기까지 2년 동안 나무에 들어가는 유지비, 임대료 등을 생각하면 3년생 벚나무 묘목을 심어서 파는 것이 이익이 되었다.

"만약 그때 2년생과 3년생을 동시에 구입하지 않았다면 그 차이를 정확하게 모르고 지금까지 지낼 수도 있었습니다."

장영수 씨는 묘목을 구입할 때는 처음에는 돈이 조금 더 들지만 점이 좋은 묘목을 구입하는 것이 훨씬 유리하다는 것을 꼭 명심하라고 한다.

눈앞에 보이는 현재의 손익에 현혹이 되면 안된다. 나무를 구

입할 때는 몇 년 후의 판매까지 생각해야 한다. 점이 좋은 나무를 제 값 주고 구입해야 한다.

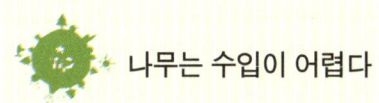 ## 나무는 수입이 어렵다

과거 유럽 국가들이 식민지 개척에 열을 올릴 때 식물학자들을 꼭 데리고 갔다. 괜찮은 식물들을 들여오기 위해서다. 식물이 귀중한 자원이자 돈이 된다는 사실을 미리 안 것이다.

앞으로 미래는 식물자원 종의 확보에 따라 국가의 위상이 달라지게 될 지도 모른다는 보고가 있다. 특히 식량 생산에 영향을 미치는 식물자원 종을 확보하는 것이 새로운 국가 경쟁력이 되고 있다. 우리가 매일 먹는 두부와 고추가 대부분 외국 종의 씨앗을 사용한다. 그에 따른 지출도 점점 늘어나고 있다.

나무는 완전한 수입금지까지는 아니더라도 여간 까다로운 게 아니다. 질병 예방 등을 위해 철저하게 검역을 하기에 특별한 경우를 제외하고는 반출입이 금지된다. 특히 식물이 귀중한 자원으로 인식되면서 각국에서는 자국의 식물 반출을 막는데 총력을 기울이고 있다. 어쩌다 반입 허가를 받더라도 뿌리에 있는 흙을 털어내고 깨끗하게 씻은 뒤 제대로 포장을 해야만 한다. 큰 나무를 반입하는 것은 거의 불가능하다.

따라서 나무농사는 다른 농산물처럼 해외 변수에 영향을 받지 않는다는 이점이 있다. 철저하게 국내시장에서 수요와 공급원칙에만 좌우되는 것이다. 하지만 최근에는 중국이나 일본 등지에서 수입된 묘목도 유통되므로 주의가 필요하다.

06 좋은 나무를 고르기 위해서는 발품을 팔아라

남의 얘기를 듣거나 이론이 해박하다고 해서 절대 성공할 수 없다. 시장 상황은 항시 변하기에 현장에 가서 반드시 흐름을 파악해야 한다. 부동산투자든 뭐든 발품을 들이는 것은 투자의 제1원칙이다.

수목은 대개 생산시장이나 임시 식목장에서 구입을 하게 된다. 공산품과는 달리 같은 규격일지라도 수세와 수형이 좋고 나쁨에 따라 가격의 진폭이 크다. 따라서 믿을 수 있는 고정 거래선을 확보하기 전까지는 여러 군데를 돌아보고 가격을 비교해야 한다. 어떤 곳은 상품의 종류나 개수가 많지 않아 선택의 폭이 크지 않은 곳도 있다. 유통과정이 복잡할수록 가격은 오른다. 여러 손을 타기 때문이다. 주위에서 잘 알고 있는 일반 생산 농가나 또는 조경수 생산자단체인 한국조경수협회에 문의하는 방법도 있고, 종묘상에서도 구입할 수 있다.

여러 곳을 다녀보면 그 차이를 알 수 있겠지만 나무는 뽑아서 오래되지 않은 것이 좋다. 뿌리 돌림이 잘 된 것은 육묘장에서 자란 것이 많아 안심하고 구입을 해도 무방하다. 꽃시장이나 화원은 수목의 수나 크기가 다양하지 않고 생산지에서 소매 단계를 거치기에 가격이 다소 비싼 편이다. 상품화된 성목이 대부분이고 묘목은 구하기 힘들다. 반면에 대개 육묘장에서 들여오기에 관리가 잘 된 것이 많아 소량을 살 때는 유리하다.

생산지에서 직접 고를 경우 묘목에서부터 성묘에 이르기까지 다양하다는 이점이 있어 선택의 폭이 넓다. 또 많은 것들 중에서 좋은 것만을 고를 수 있다. 하지만 생산지가 대부분 도매 형태를 띠기 때문에 한두 그루씩 사기가 어렵고 필요 이상의 양을 사야 하는 단점이 있다.

묘목은 부피가 작아 많은 양이라도 괜찮지만 성목의 경우 수송비가 만만치 않다는 점을 반드시 감안해야 한다.

야생목은 산에서 바로 뽑아온 것을 말한다. 야생목은 아라끼(荒木)라 하여 육묘장에서 육성한 것이 아니다. 대개 야생목은 수형이 일정치 않고 뿌리가 완전치 못한 것이 많다. 야생목은 비교적 가격이 싸다. 그런데 싼 게 비지떡이라고 활착률은 30~50% 정도밖에 되지 않는다는 점을 감안해야 한다.

그리고 나무를 통신으로 구입할 때에는 신용 있는 업자를 통해서 구입하는 것이 안전하다. 통신 구입 시에는 안내서를 꼼꼼히 살핀 후에 구입할 품종을 선택해야 한다.

좋은 묘목(접목)은 대략 아래와 같은 요건을 충족시킨 것이 좋다.

우선 대목이 정확한 품종이어야 하고, 접목 부위가 견고하게 붙어 있어야 한다. 또 뿌리의 발육이 양호하고 잔뿌리가 많은 것이 좋으며 가지가 사방으로 고루 뻗어 있는 게 좋다. 방역검사를 필한 합격품이면 더욱 좋고 품질보증서가 부착돼 있는 것은 믿고 구입할 수 있다.

눈이 큰 것이 좋으며 병충해 피해가 없고 묘목에 상처가 없는 것을 선택해야 함은 물론이다. 가지에 흠집이 있는 것은 병충해 피해를 입은 것이므로 피해야 한다.

꽃나무의 경우 꽃봉오리가 굵으면서 봉오리 수가 적게 달린 것이 병충해에 강하고 꽃도 왕성하게 필 수 있다.

상록수는 잎을 잘 봐야 한다. 잎이 짙고 푸르다는 것은 그만큼 영양 상태가 좋다는 것을 의미한다. 너무 웃자란 것은 허약하다는 증거이기에 적당한 크기로 매끈하게 자란 것이 건강한 묘목이다.

이처럼 나무를 고를 때는 여러 가지 주의를 기울일 사항들이 많다. 하지만 수목들의 차이는 직접 눈으로 비교하고 경험하지 않으면 잘 알지 못한다. 그렇기 때문에 사전에 많은 공부가 필요하다. 그런데 글이나 말로 익히는 것은 금방 알 것 같아도 막상 현장에서 직접 보면 그놈이 그놈 같아 선택하기가 어렵다. 따라서 충분한 현장 공부가 필요하다.

처음에는 경험 많은 사람과 함께 동행해서 그들의 노하우를 눈으로 직접 보고 익히는 것도 좋은 방법이다. 하지만 자신이 직접 많은 곳을 발품을 팔아 다니면서 직접 눈으로 보면서 그 미세한 차이를 익히는 것이 중요하다. 전문가의 도움을 계속 받다 보면 눈뜬 봉사가 되고 만다. 나무사업은 다른 어떤 사업보다 발품의 정도에 따라 성공의 정도가 차이 나는 사업이다. 열심히 발품을 판 사람은 실패 확률이 거의 없다.

 자생 나무의 경제적 가치에 눈을 떠라

공기나 물처럼 늘 우리 주위에 있어 그 가치를 모르고 지내는 것이 많다. 나무, 특히 우리나라 자생 나무 또한 그렇다.

뽕나무, 산수유, 참개암나무, 산사나무, 매화(매실) 등 열매를 이용하는 것 외에 외국산 생약제를 대체하고 외화 획득이 가능한 자생 식물들도 많다. 소나무, 향나무, 굴피나무 잎이나, 회화나무와 자작나무의 수피 말린 것은 약용으로 이용된다.

그뿐만 아니라 갈매나무, 단풍나무류, 개옻나무, 사과나무, 매자나무, 졸참나무, 밤나무에서는 녹색 계통의 천연염료를, 생강나무, 오리나무, 박태기나무, 자작나무, 갈참나무에서는 적색 계통의 천연염료를 얻는다.

향나무의 심재, 느릅나무의 껍질 등을 잘 건조시켜 방안에 쌓아두거나 매달아두면 독특한 향을 이용해 실내의 악취를 제거하고, 심신의 안정 및 긴장 완화에 이용하기도 한다.

이처럼 자생 나무는 식용 외에 아직 잘 알려지지 않은 경제적 가치가 무궁무진하다. 이제는 숨겨진 그 가치들에 눈을 뜰 때이다.

07 가로수로 뽑히기 위한 조건

 삭막한 아스팔트 길에 가로수가 없다면 어떨까? 아마도 숨이 턱턱 막히는 것을 경험하지 않을까 한다. '도심의 녹색 댐'이라 불리는 가로수는 여러 역할을 한다.

 가로수는 보행자나 운전자, 그리고 기타 사람들에게 쾌적한 느낌과 심리적 안정감을 제공한다. 삭막한 도심에 녹음을 제공하는 것은 물론 방풍과 방조의 역할을 하고 건물이나 노면에서 생기는 반사열을 흡수하는 기능도 있다. 태양열을 흡수하고, 눈·비·안개 등을 차단하거나 감소시키고, 바람의 영향을 완화시켜 미세기후$^{(微細氣候)}$ 조절 효과를 제공한다. 그리고 수관의 가지와 잎이 먼지와 분진 등을 흡착하고 유해가스를 흡수하여 공기를 정화한다.

가로수는 아름다운 선형미(線形美)를 지니고 있어 장식 효과와 도시 건축물의 육중한 느낌을 부드럽게 한다. 가로수는 토양 안정화에 따른 침식을 방지하고, 소음을 차단하여 방음 효과를 주며, 방화대(防火帶)의 기능도 있다. 시골의 국도에서는 길 안내자 역할을 하는 등 여러 의미가 있다. 여름은 시민에게 무한한 청량감을 제공하고, 가을의 단풍은 색채 향연을 연출한다.

이런 여러 가지 기능을 하는 우리나라 가로수는 약 140년 전인 조선 고종 2년(1866년) '도로 양옆에 나무를 심으라'는 왕명으로부터 시작됐다. 현재 우리나라의 가로수 길은 2만 7,675㎞에 달한다. 서울~부산을 32번 왕복한 거리다.

요즘은 각 지방자치단체에서도 독특하고 개성 있는 거리 조성을 위해 적극 나서고 있다. 어떤 가로수를 심느냐에 따라 거리 분위기가 확 달라진다. 서울시는 율곡로, 강남대로 등 10개 간선도로를 '가로수 10대 시범가'로 지정하고 오는 2023년까지 단계적으로 특정 나무만 심은 거리를 만들기로 결정했다. 이에 따라 강남대로에는 '마로니에'로도 불리는 칠엽수, 신촌로에는 목련, 영동대로와 동1·2로에는 느티나무, 경인로에는 중국단풍, 수색로에는 벚나무, 율곡로에는 회화나무, 왕산로에는 복자기, 한강로에는 대왕참나무, 남부순환로에는 메타세쿼이어를 심을 계획이다.

가로수로 선정되기 위해서는 어떤 조건이 필요할까? 가로수는 수형이 아름다우며 병충해에 강하고 유독 성분이 없어야 한다. 자연 생태계 및 기후 변화로 인해 산성비가 자주 내리기에 산성비와 대기오염에 강한 수종을 적극 발굴할 필요가 있다. 가급적 잎이 큰 것이 좋다. 푸르른 녹음을 한껏 감상할 수 있게 해주는 데다 자동차 소음 차단 및 매연·먼지 흡수 기능도 탁월하다. 플라타너스가 여기에 해당된다. 플라타너스가 가로수로 많이 쓰이는 이유는 넓은 잎 외에 가지를 잘라줘도 생육에 큰 영향을 받지 않는다는 점이다.

최근 들어 잘 나가는 가로수종은 느티나무, 단풍나무, 왕벚나무, 이팝나무, 회화나무 등이다.

조경수의 경우는 나무의 높이(수고), 너비(수관폭), 가슴높이의 직경(흉고), 뿌리 부근의 굵기(근원경)로 거래되기 때문에 이러한 규격의 척도를 염두에 두고 식재하고 가꾸어야 한다. 그런데 흉고가 규격 되어 있는 수목은 대부분 가로수인데 지하고 1.5m 정도를 지하에 식재하고 나면 시각적으로 불편함을 줄 수 있다. 따라서 가로수용 수목은 지하고를 규격 상관없이 가능한 2.0m는 되어야 한다고 생각한다.

가장 안전한 수종으로는 유행에 둔감하고 대중적 수요가 발생하는 느티나무, 은행나무, 왕벚나무, 이팝나무, 단풍나무, 스트

가로수로 심어진 나무의 모습

로브잣나무 등이 적당하다. 실제로 현재 우리나라에 가장 많이 심어진 가로수는 벚나무다.

벚나무는 전국 가로수의 22.1%에 달하는 118만여 그루로 파악됐고 지난해에 새로 심어진 가로수 중에서도 가장 많은 숫자를 차지한 인기 수종이다.

벚나무 다음으로 많은 나무는 은행나무로 99만 9,000여 그루(18.7%)였고 이어서 31만 6,000여 그루의 느티나무(5.9%), 30만 6,000여 그루의 양버즘나무 순이다.

새로 조성되는 가로수에는 벚나무가 가장 많고, 이어서 이팝나

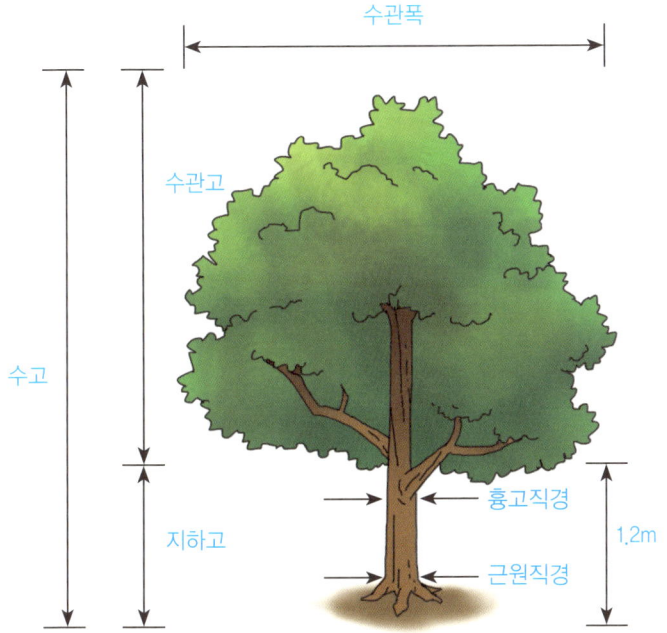

- **수고**(H:Height, 단위:m)

  : 지표면에서 수관의 정상까지의 거리

- **수관폭**(W:Width, 단위:m)

  : 수관의 직경폭

- **흉고직경**(B:Breast, 단위:cm)

  : 지표면에서 1.2m 부위의 수간직경

- **근원직경**(R:Root, 단위:cm)

  : 지표면 부위의 나무줄기 직경(현장에서는 '점'이라 부른다)

- **지하고**(C:Canopy, 단위:m)

  : 수간 최하단부에서 돌출된 줄기에서 지표면까지의 수직 높이

무, 무궁화, 배롱나무 등이 뒤를 이었다. 지난해 조성된 가로수는, 은행나무나 양버즘 등 과거에 많이 심었던 수종에서 벗어나, 꽃이 있는 화목류 수종으로 변화하고 있는 것으로도 나타났다.

가로수로 벚나무가 인기를 끄는 것은 봄에 피는 화려한 꽃 때문에 관광자원으로 활용할 수 있는 데다 여름철 무성한 잎으로 햇빛 차단 등에도 효과가 있기 때문으로 분석됐다.

그러나 우리나라의 가로수가 몇 개 주요 수종에 편재되어 있음을 말해 주고 있어 앞으로 가로수를 선정하기 위해서는 지금까지 수종에서 탈피하여 각각의 지역적 특성에 맞는 자생수종을 선정하고 주변의 자연 식생을 고려하여 자연 생태적 기법을 활용하고 내한성 있는 상록성 수종을 개발하는 것이 필요하다.

 **가로수의 수종선정 원칙과 조건**

- 가로수의 수종선정 원칙
  ① 여러 가지 목적을 동시에 달성할 수 있는 사용가치가 높은 수종
  ② 가로수는 태양·수분·양분·산소 등이 부족하기 쉬운 입지에 식재되는 것이 일반적이므로 이들 생육 여건에 대한 요구도가 비교적 낮은 수종을 선정.
  ③ 가로수는 매연이나 배기가스에 강해야 하고 겨울철 노면 결빙 방지를 위해 사용하는 염류에도 잘 견뎌야 한다.
  ④ 활착(活着)이 쉽고, 전정(剪定) 후에도 빠른 시일 내에 새로운 수관을 형성할 수 있어야 한다.
  ⑤ 지역적·역사적 특성을 지니고 보행자나 운전자에게 신선함과 친근감을 주어야 한다.

- 가로수의 수종선정 조건
  ① 수형: 수종별 수관의 외형, 가지의 구조, 생장 습성을 알아야 한다.
  ② 크기(수고): 도로 주변의 설비들(전주·전화선·교통표지판 등)에 방해되지 않는 수고가 좋다. 요즘은 도로 주변의 시설물 증가나 도로 면적 감소 등의 추세로 중(10~20m)·소(10m 이하) 규모의 수종이 식재되는 일이 많다.
  ③ 잎의 크기와 색깔: 잎의 크기가 서로 다른 수종을 번갈아 식재하여 변화를 줄 필요가 있다. 특정 목적이 없을 때에는 녹색 이외의 청색·적색·자주색 계통의 잎 색깔을 띠는 수종은 피하는 것이 좋다. 가을의 수종별(樹種別) 낙엽의 빛깔을 감안하여 수종을 섞어서 식재하는 것도 중요하다.

Chapter 3

나무 잘 키우는 법

08	나무를 심을 수 있는 최적의 조건
09	무슨 나무를 심어야 하나
10	조경수, 어떤 나무를 심어야 하나
11	꼭 심지 않아도 된다. 심어진 나무를 찾아라.
12	나무 심는 올바른 간격
13	풀 뽑기, 가급적 농약을 쓰지 마라
14	비료 주기는 생육 속도를 좌우한다
15	나무도 메이크업을 해야 한다
16	나무 이식하기 전 해야 할 일

08 나무를 심을 수 있는 최적의 조건

나무를 심기 위해서는 우선 현장 경험이 풍부한 조경가의 도움을 받는 것이 가장 좋은 방법이다. 그러기 위해서는 최대한 많은 조경수 농장을 방문해 안목을 키우는 것이 중요하다. 나무를 제대로 심기 위해서는 비록 전문가의 도움을 받는다 하더라도 약 6개월간의 준비 기간이 필요하다.

그리고 무엇보다 나무가 이식되었을 때 거부감 없이 잘 자랄 수 있는 조건을 만들어 주어야 한다. 그 첫 번째가 잘 식재될 땅에 잘 썩은 퇴비를 넣어주는 것이다. 소의 똥이나 거름을 땅에 뿌린 후 로타리 작업을 거쳐야 한다.

퇴비는 썩지 않은 유기물을 잘 부식시켜서 농경지에 사용하기 편리하게 만든 것으로, 퇴비를 제조하면 볏짚이나 보릿짚같이 부피가 큰 것은 부피가 작아지고, 외양간 두엄이나 쇠똥, 닭똥과 같은 축산부산물은 냄새가 나지 않아 사용하는 데 편리하다.

『국촌(菊村)의 나무 이야기』에서 저자 김두옥 씨는 "키 큰 나무와 키 작은 나무를 같은 자리에 심거나 너무 가깝게 심고 토양 조건을 고려하지 않아 시행착오로 실패한 사례도 많았다."고 고백한다.

토질도 중요하다. 아무리 넓고 훌륭한 땅이라도 접근성이 좋지 않거나 토질이 맞지 않으면 나무를 가꿀 수 없다. 일반적으로 경작지나 임야 등 어느 곳에서도 나무를 가꿀 수는 있지만 모래나 굵은 자갈이 많이 섞인 토양일 경우에는 분 뜨기가 어려워 하자의 발생 빈도가 높다. 또 간척이나 매립, 성토 지역의 경우는 염분의 피해를 입거나 유기물이 전혀 함유되지 않은 심토일 경우가 많아 나무가 잘 자라지 않고 늙어버리는 노화 현상이 발생하므로 피하는 것이 좋다.

좋은 나무를 키우기 위해서는 토양이 비옥한 경작지나 경사가 완만하고 비교적 습윤한 동북향의 토양이 유리하다. 경사가 완만하면 표토의 침식이 더디고, 습윤하면 유기물의 부식이 빨라 기름지기 때문이다. 비옥한 토양에서 자란 나무는 병해의 피해도 없을 뿐 아니라 가지도 간결하고 잎눈과 꽃눈이 충실하여 인기가 높다.

로타리 작업 후에 묘목을 심고 지주대를 세운 모습

나중에 풀이 자라는 것을 방지하기 위하여 비닐을 씌우고 있는 모습

비닐 작업이 완료된 모습으로 잡초처럼 자라게 되는 풀은 나무의 영양을 해치기 때문에 비닐 작업을 꼭 해야 한다

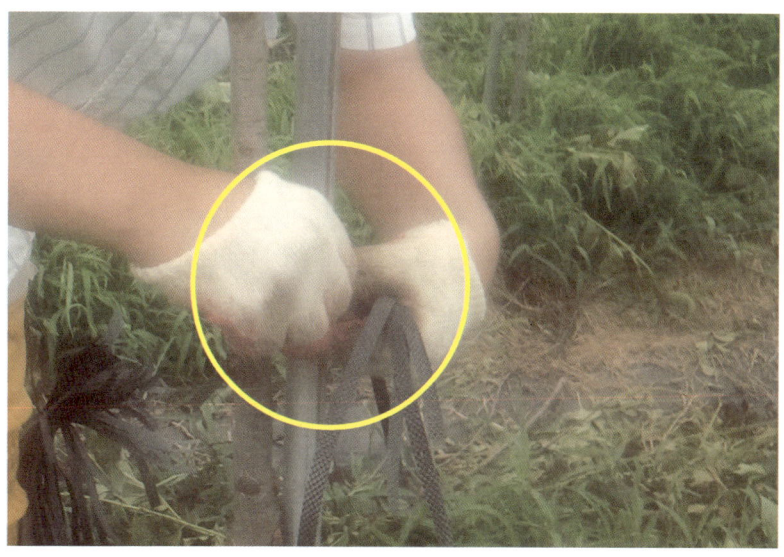

나무와 지주대를 묶어주어 나무가 뿌리가 잘 내리고 곧게 자랄 수 있도록 한다. 지주대와 나무를 묶는 끈은 사진에서 보는 것과 같은 끈을 사용하는 것이 좋다

일단 나무를 심기 전에 개간을 한 후에 거름을 주고 로터리로 한 번 토지를 갈은 다음 나무를 심으면 된다. 이때 거름은 지역의 소나 돼지 농장에 의뢰를 하여 사면 되고 통상적으로 1톤 트럭 분량의 거름이 대략 50,000원 정도이다.

많은 평수에 나무를 심을 때는 많은 인력이 필요하다. 나무 식재는 기계로 할 수 있는 부분이 한정되어 있어 대부분 인력에 의해 이루어지는 부분이 많다. 따라서 평수가 클 경우에는 전문가의 많은 인력이 필요하다. 하지만 시골에서는 그런 인력을 구하기가 쉽지 않다. 하지만 걱정할 필요는 없다. 마을 이장님께 협조를 구해 마을 주민들의 도움을 받으면 된다. 물론 품삯은 제공해야 한다. 마을 주민들은 오랜 농사 경험과 시골생활로 준전문가나 다름없다. 그리고 품삯 또한 절반 정도면 가능할 것이다. 마을 주민들과의 유대와 싸고 쉽게 인력을 구할 수 있다는 장점이 있기 때문에 될 수 있으면 마을 주민들과의 공조를 생각해보는 것이 좋다.

09 무슨 나무를 심어야 하나

시대가 바뀌면 조경수와 관상수에 대한 수요 패턴도 달라진다. 그 때문에 앞을 내다볼 줄 아는 안목이 있어야 한다. 현재도 관상수에 대한 수종 개발 작업은 지속적으로 이뤄지고 있다.

생활 수준이 향상되면 보다 고급스럽고 진귀한 수목에 대한 인기가 높아진다. 레저산업이 발전하면 거기에 맞춰 수려한 녹음을 자랑하는 수목들이 각광을 받게 된다. 아무리 경기가 어렵다지만 샤넬과 루이뷔통 등 유명 브랜드에 대한 수요는 줄지 않고 있는 것과 같다.

그렇다면 앞으로 유망한 수종은 무엇일까? 단언하기 어렵지만 열매와 잎, 그리고 아름다운 꽃을 동시에 볼 수 있는 나무들이 인기를 끌 가능성이 높다. 여기에 해당하는 나무들이 산수유, 산딸나무, 이팝나무 등이다.

관상수는 특히 형태미와 색채미가 뛰어나야 한다. 수형, 수관, 수간, 지엽, 꽃, 열매 등이 모두 관상 대상이고, 신록에서 단풍이 들 때까지 변해가는 색조와 상록 등이 대상이다. 그러나 아무리 아름답고 보기 좋아도 이식이 안 되는 것은 관상수로서 가치가 없다. 가지치기와 수형 가꾸기가 가능해야 하고, 다른 자연환경 속에서도 잘 자라는 환경 적응력이 있어야 한다.

제아무리 조경적 가치가 큰 수종이라 할지라도 이식력이 좋아야 하고, 활착률이 높아야 시장성이 있다. 따라서 우리나라 자생 수종이거나 자생화된 수종은 적응력이 뛰어나다는 점에서 실패를 줄이는 요인이 된다. 우리 정서에도 맞기 때문에 다른 외산 수종에 비해 소비자들의 선호도가 높다는 장점도 있다.

나무 심기는 자금의 많고 적음도 중요한 변수다. 자금의 여유가 많지 않을 때는 단기간 투자금 회수에 유리한, 빨리 크는 종을 심는 것이 좋고, 경제적 여유가 있다면 늦게 크는 수종 등을 골라 장기적으로 대비하는 것이 좋다. 노동력이 부족할 경우에도 빨리 자라는 활엽속성수가 좋다. 투자 규모에 여유가 있다면 전망 있는 수종을 다량 식재할 수도 있다.

그리고 현재 우리나라에서 거래되는 조경수목은 대략 80여 종에 이르지만, 기후적 특성 때문에 특정 지역에서 경제적으로 재배를 할 수 있는 수종은 수십 종에 불과하다. 따라서 지역의 기후에 적합한 나무를 선택하는 것이 가장 합리적이다. 따뜻한 지방에서만 자라는 동백나무, 가시나무, 금목서 등은 중부지방에서 기를 수가 없다. 고산지대에서 주로 자생하는 구상나무나 자작나무 등은 남부지방에서 제대로 자랄 수가 없다. 그만큼 상품 가치가 높다.

기후 다음으로 중요한 것은 현재 유행하고 있는 수종이 무엇이냐는 것이다.

경제성장률이 높을 때에는 화려한 꽃이 피는 벚나무류, 철쭉 등 화목류가 유행하였다. 최근에는 꽃도 보고 녹음도 즐길 수 있는 이팝나무, 자귀나무, 꽃사과 등이 주목을 받고 있다. 그러나 유행을 타는 수종은 금방 비인기 수종으로 변할 수 있다는 점을 유념해야 한다.

일부 인기 수종을 시류에 따라 식재하는 것도 피할 수는 없지만 남이 도전하지 않는 수종을 재배하는 것도 고려해 봐야 한다. 위험을 감수한 만큼 결실은 더 커진다.

수종 선택 시 판매 능력과 경제성 여부도 따져봐야 한다. 쉽게 말하면 생산량과 판매량이 많은 수종을 선택해 무리 없이 사업을 전개할지, 상대적으로 수가 적은 고급 수종을 선택해 부가가치를 높일 것인지에 대한 고민이 필요하다. 특히 1~2년에 판매

하느냐 3~4년 후에 판매를 할 것인가와 직접 소비자와 거래를 할 것인지, 아니면 기존 유통망을 활용할 것인지에 대해서도 꼼꼼한 사전 점검이 필요하다.

가장 안전한 수종으로는 유행에 둔감하고 대중적 수요가 발생하는 느티나무, 은행나무, 왕벚나무, 이팝나무, 단풍나무, 스트로브잣나무 등이 적당하다.

나무로 소득을 올리는 방법은 다양하다. 희귀하거나 특수한 수목만을 재배해 경쟁 없이 고소득을 올리는 이도 있고, 도로공사 현장 등의 불가피하게 벌목되는 수목을 싸게 구입해 농장에서 전정 작업과 활착이 용이하도록 잔뿌리를 발생시킨 후 고가로 판매하는 이도 있다.

따라서 수종은 위에서 제시한 여러 가지 사항들을 고려해서 선택하는 것이 좋다.

 여러 가지 수종

침엽수의 대표 수종 '소나무'는 나무(木) 중 으뜸(松)이란 뜻을 가지고 있다. 소나무 숲에는 피톤치드가 많이 나와 항균작용에 도움을 주고, 송진, 송홧가구, 솔씨 등은 귀중한 약재로 사용된다. 우리나라 전역에서 잘 자라고 항상 푸르러 보이지만 2년마다 잎갈이를 한다.

우리나라 최고 품질 소나무 '금강송'은 금강산에서부터 백두대간을 따라 자라며, 곧은줄기를 가지고 나뭇가지가 긴원뿔 모양으로 돋아나 일반 소나무와는 확연히 다르다. 껍질도 붉고, 몸통도 붉어 황장목(黃腸木)이라고도 한다. 금강송을 '세계 자연유산으로 등재'하고자 2008년부터 노력을 기울이고 있다.

'단풍나무'는 정원수로서 적합하다. 단풍나무는 잎이 7개다. 잎이 9개인 당단풍나무가 가장 화려하다. 뿌리와 껍질은 한방약재로도 쓰인다. 목재는 가구 악기재 등으로 활용된다. 특히 바이올린 뒷판과 스키, 테니스 라켓을 만드는 데 쓰인다.

 **여러 가지 수종**

느티나무는 우리나라 모든 지역에서 잘 자란다. 수관 폭이 넓어 시원한 그늘을 제공하기에 정자나무로 제격이다. 가을 단풍이 아름답고 관상가치가 높다. 강원도 삼척 도계에 있는 수령이 1000년 된 느티나무가 가장 오래되었다.

은행나무는 2억 년 전인 중생대 트라이아스기 때부터 빙하기를 거쳐 지금까지 변하지 않고 살아있는 식물화석 '은행나무'는 병충해에 강해 관상수나 가로수로 많이 심는다. 경기도 용문사에 있는 은행나무는 수령이 1100년으로 키가 67m로 동양에서 가장 크다. 은행나무 몸속의 플라보노이드는 혈액순환을 도와준다.

주목은 줄기의 껍질과 심재, 열매가 붉어 주목이라 한다. 줄기는 단단하고 탄력성이 좋아 활을 만들어 사용했다. 가지치기를 하더라도 새잎이 빠르고 빽빽하게 자라나 삼각형 원뿔형 등 다양한 장식이 가능하다. 황금주목은 정원용 고급 수종으로 가치가 높다. 불상 제작용으로 쓰이기도 하고, 주목으로 만든 바둑판은 최상품 가치가 있다.

10 조경수,
어떤 나무를 심어야 하나

우리나라의 조경수 품종은 대략 느티나무, 벚나무, 은행나무, 단풍나무, 목련, 소나무, 스트로브잣나무, 주목, 향나무, 개나리, 회양목, 철쭉류, 쥐똥나무, 사철나무 등이 있다.

그러면 다양한 현장들을 검토하여 많이 쓰이는 나무들에 대한 분석을 통해 어떠한 나무들이 조경수로 쓰이는지 살펴보자.

최근에 조성된 삼덕공원(삼덕제지 공장 부지를 기부 받은 안양시가 조성한 공원)과 강남보금자리 4공구, 광교신도시 배수지 공사에서 실제로 식재가 된 나무들을 표로 만들었다. 실제 공사현장에서 쓰여진 나무들의 종류와 수량을 쉽게 알 수 있을 것이다.

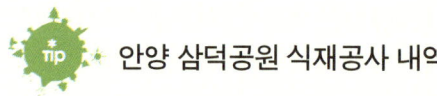 **안양 삼덕공원 식재공사 내역**

나무명	규격	수량
소나무(장송) 식재	H9.0×R45	14주
소나무(장송) 식재	H9.0×R40	43주
소나무(장송) 식재	H9.0×R35	11주
스트로브잣나무 식재	H2.5×W1.2	121주
느티나무 식재	H4.0×R18	39주
왕벚나무 식재	H4.0×B12	83주
은행나무 식재	H4.5×B12	28주
자작나무 식재	H4.0×B10	80주
홍단풍 식재	H3.5×R15	10주
산딸나무 식재	H3.5×R10	12주
청단풍 식재	H3.5×R18	19주
청단풍 식재	H3.0×R10	31주
이팝나무 식재	H3.0×R10	43주
살구나무 식재	H3.5×R10	24주
모과나무 식재	H3.5×R12	8주
감나무 식재	H3.5×R12	15주
층층나무 식재	H3.5×R8	13주
마가목 식새	H3.5×R8	16주
복자기 식재	H3.5×R10	14주
목련 식재	H3.0×R10	41주
때죽나무 식재	H2.5×R6	16주
산수유 식재	H2.5×W1.2×R6	35주

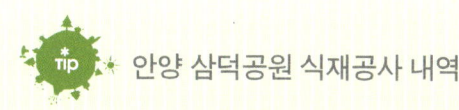 안양 삼덕공원 식재공사 내역

나무명	규격	수량
눈주목 식재	H0.3×W0.3	7,490주
사철나무 식재	H1.0×W0.3	3,890주
회양목 식재	H0.3×W0.3	5,110주
영산홍 식재	H0.3×W0.4	5,920주
수수꽃다리 식재	H1.8×W0.8	900주
개쉬땅나무 식재	H1.2×W0.4	820주
백철쭉 식재	H0.4×W0.4	2,920주
자산홍 식재	H0.4×W0.4	2,650주
조팝나무 식재	H0.8×W0.4	2,340주
병꽃나무 식재	H1.0×W0.4	860주
명자나무 식재	H0.6×W0.4	1,430주
황매화 식재	H1.0×W0.4	1,520주

 **강남보금자리 식재 공사 4공구**

나무명	규격	수량
소나무	H5.5×W2.5×R25	104주
소나무	H5.0×W2.5×R20	133주
소나무	H4.0×W2.0×R15	77주
스트로브잣나무	H4.0×W2.0	386주
잣나무	H4.0×W2.0	30주
갈참나무	H3.5×R12	59주
갈참나무	H3.0×R10	97주
느티나무	H4.0×R15	20주
때죽나무	H3.5×R12	49주
마가목	H3.5×R10	11주
매화나무	H3.5×R12	5주
메타세쿼이야	H5.0×B12	56주
모감주나무	H3.0×R8	6주
모과나무	H3.0×R10	3주
물푸레나무	H4.0×R10	14주
목련(백,자)	H3.5×R12	12주
산수유	H3.0×W1.5×R10	67주
산딸나무	H3.5×R10	32주
산벚나무	H4.0×B12	41주
상수리나무	H4.0×R12	8주
상수리나무	H3.5×R10	99주
왕벚나무	H4.5×B15	132주

 ## 강남보금자리 식재 공사 4공구

나무명	규격	수량
이팝나무	H3.5×R12	6주
졸참나무	H3.5×R12	41주
청단풍	H3.5×R12	25주
청단풍	H3.0×R10	77주
목백합(튜립나무)	H4.5×R12	24주
팥배나무	H4.0×R10	9주
회화나무	H4.5×R15	6주
주목(둥근형)	H0.4×W0.4	9주
자귀나무	H3.0×R10	5주
사철나무	H1.0×W0.3	16주
영산홍	H0.3×W0.3	32주
낙상홍	H1.0×W0.4	18주
매자나무	H0.5×W0.3	32주
명자나무	H0.6×W0.4	18주
백철쭉	H0.3×W0.3	32주
산철쭉	H0.3×W0.3	32주
자산홍	H0.3×W0.3	32주
조팝나무	H0.6×W0.3	21주
진달래	H0.4×W0.3	16주
쥐똥나무	H1.0×W0.3	16주
화살나무	H1.0×W0.6	5주
황매화	H1.0×0.6	5주

 ## 광교신도시 배수지공사 식재

나무명	규격	수량
둥근소나무 식재	H1.5×W2.0	3주
선주목 식재	H2.0×W1.0	13주
소나무 식재	H6.0×W3.0×R30	25주
소나무 식재	H5.5×W2.5×R25	40주
소나무 식재	H5.0×W2.5×R20	28주
소나무 식재	H4.0×W2.0×R15	37주
소나무 식재	H3.0×W1.5×R10	47주
잣나무 식재	H4.0×W2.0	677주
잣나무 식재	H3.0×W1.5	212주
전나무 식재	H3.5×W1.8	27주
전나무 식재	H2.5×W1.2	272주
느티나무 식재	H4.0×R15	9주
느티나무 식재	H4.0×R12	22주
때죽나무 식재	H3.0×R8	89주
떡갈나무 식재	H3.0×R8	70주
매화나무 식재	H3.0×R8	73주
왕벚나무 식재	H4.0×B12	79주
왕벚나무 식재	H3.5×B8	9주
왕벚나무 식재	H3.0×B6	55주
산수유 식재	H2.5×W1.2×R6	152주
상수리나무 식재	H4.0×R15	41주
상수리나무 식재	H3.5×R8	119주

 **광교신도시 배수지공사 식재**

나무명	규격	수량
신갈나무 식재	H4.0×R18	37주
신갈나무 식재	H3.0×R8	121주
이팝나무 식재	H4.0×R15	41주
이팝나무 식재	H3.0×R8	35주
자귀나무 식재	H3.0×R8	95주
졸참나무 식재	H3.0×R10	61주
청단풍 식재	H4.0×R20	48주
청단풍 식재	H3.0×R10	75주
청단풍 식재	H3.5×R12	27주
층층나무 식재	H3.5×R8	145주
팥배나무 식재	H3.5×R8	43주
영산홍 식재	H0.4×W0.5	1,490주
회양목 식재	H0.4×W0.5	2,230주
개쉬땅나무 식재	H1.2×W0.5	570주
겹철쭉 식재	H0.4×W0.4	2,150주
낙상홍 식재	H1.0×W0.4	8,660주
담쟁이 식재	2-3년, L=0.4	165주
매자나무 식재	H0.6×W0.4	2,710주
명자나무 식재	H1.0×W0.6	310주
병꽃나무 식재	H1.0×W0.4	1,220주
산철쭉(사이목) 식재	H0.4×W0.4	570주
산철쭉 식재	H0.4×W0.4	4,600주

 ## 광교신도시 배수지공사 식재

나무명	규격	수량
수수꽃다리 식재	H1.2×W0.5	158주
자산홍 식재	H0.4×W0.4	3,670주
조팝나무 식재	H0.8×W0.4	6,460주
좀작살나무 식재	H1.2×W0.4	5,670주
쥐똥나무 식재	H1.5×W0.4	1,915주
화살나무 식재	H0.8×W0.4	4800주
황매화 식재	H1.0×W0.4	2980주
흰말채나무 식재	H1.2×W0.6	100주
편백 식재	H3.5×W1.5	42주
배롱나무 식재	H2.5×R8	40주
눈주목 식재	H0.4×W0.4	1,000주
사철나무 식재	H1.2×W0.4	2,300주
덜꿩나무 식재	H1.5×W0.6	100주
산벚나무 식재	H4.0×B10	7주
산벚나무 식재	H3.0×B6	21주
덜꿩나무 식재	H1.5×W0.6	50주
매자나무 식재	H0.6×W0.4	160주
산수국 식재	H0.4×W0.6	310주
생강나무 식재	H1.2	810주
수수꽃다리 식재	H1.2×W0.5	47주
자산홍 식재	H0.4×W0.4	310주
산딸나무 식재	H3.0×R8	7주

이런 나무는 피해서 심자
(LH 공사 집계 조경수목 하자현황)

성상	수종	규격	단위	하자 발생현황		
				식재수량	하자수량	하자율
상록 교목	동백나무	H2.0*W1.0	주	1,981	579	29.23%
	후박나무	H3.0*R10	주	195	43	22.05%
	가시나무	H3.5*R8	주	1,220	221	18.11%
	먼나무	H3.0*R10	주	233	42	18.03%
	은목서	H2.0*W1.0	주	490	79	16.12%
	편백	H2.5*W1.0	주	154	66	42.86%
	해송	R10-R25	주	350	95	27.14%
	구상나무	H2.5*W1.0	주	875	316	36.11%
	젓나무	H3.0*W1.5	주	6,429	1,397	21.73%
	주목	H2.0-H3.0	주	1,538	335	21.78%
낙엽 교목	꽃복숭아	H3.0*R8	주	154	42	27.27%
	산사	H3.0*R8	주	274	49	17.88%
	계수나무	H4.0*R12	주	382	86	22.51%
	쪽동백	H3.0*R8	주	512	170	33.20%
	팥배나무	H4.0*R12	주	524	101	19.27%
	자귀나무	H4.0*R12	주	705	131	18.58%
	노각나무	H4.0*R12	주	761	167	21.94%
	감나무	H4.5*R20	주	798	214	26.82%
	때죽나무	H3.0*R8	주	1,509	470	31.15%
	꽃사과	H3.5*R8	주	1,588	257	16.18%
	상수리나무	H3.0*R6	주	1,817	386	21.24%
	살구나무	H4.0*R15	주	2,580	575	22.29%
	배롱나무	H4.0*R12	주	3,092	1,757	56.82%
	마가목	H3.0*R8	주	855	192	22.46%
	자엽나무	H3.0*R8	주	904	216	23.89%
	백목련	H4.0*R20	주	1,978	384	19.41%
	자작나무	H4.0*B10	주	2,523	1,022	40.51%
	산딸나무	H3.0*R8	주	2,820	614	21.77%
	매화나무	H3.5*R8	주	2,984	808	27.08%
	산수유	H2.5*R8	주	3,357	510	15.19%
	왕벚	H4.0*B12	주	3,829	655	17.11%
	청단풍	R8-R15	주	8,907	1,495	16.78%

※ 자료 : (사)한국조경사회 기술지 제6호(○○○ LH 건설관리처 차장 발표분)

11 꼭 심지 않아도 된다. 심어진 나무를 찾아라

나무사업으로 돈을 번 사람들의 특징 중의 하나가 다른 사람이 심어놓은 나무를 잘 활용한다는 점이다. 다른 사람이 심은 나무를 자신의 농장으로 옮겨 심은 뒤 키워서 나중에 되파는 방법이다. 그렇다고 몰래 옮겨 심는 것은 불법이다. 또 다른 특징은 자신의 나무 말고도 다른 사람의 나무를 중개하여 돈을 번다는 것이다.

아무리 넓은 땅에 나무를 심어 기르고 있다고 해도 시장에서 요구하는 모든 나무를 공급할 수는 없다. 예를 들어 거래업체에서 내가 가지고 있지 않은 나무를 원하는 경우가 있다. 그럴 때 다른 농장의 나무를 소개해서 거래를 성사시키는 것이 좋다. 내가 기르고 있지 않다고 해서 외면한다면 투자자로서의 기본자세가 아니기 때문이다.

  그리 크지는 않지만 자신의 나무농장을 가지고 있는 김윤철 씨의 사례를 보자.

  김윤철 씨의 일과 중 거르지 않고 하는 일이 있다. 그것은 자신의 농장에서 기르고 있는 나무 사진을 찍는 것이다. 그리고 그 나무 사진을 농장 블로그에 올려 체계적으로 관리하는 일이다. 그리고 시간이 나면 카메라를 챙겨 들고 농장을 나선다. 나무 사진을 찍기 위해서다. 좋은 나무가 있다는 정보를 얻으면 주위에 있는 농장은 물론 멀리 해남까지 간다. 심지어 제주도까지 당일에 다녀올 정도다. 그래서 그의 카메라에는 자신의 농장에 있는 나무 사진 외에도 수많은 사진이 카테고리별로 저장되어 있다. 물론 자신의 컴퓨터에는 더 많은 나무 사진들이 저장되어 있다.

  "교외나 지방의 도로를 달리다 보면 도처에 수없이 많이 나무가 심어져 있어요. 때때로 '나무 팝니다. 전화번호 000-0000-0000'이 적혀 있는 팻말이나 플래카드를 어렵지 않게 볼 수 있어요. 저는 이것을 꼼꼼히 사진으로 찍어서 저장하고 그 지역에 대한 스크랩을 해 놓습니다. 그래야지만 나중에 필요한 나무를 더욱 쉽게 구할 수 있기 때문이죠. 전화번호가 없더라도 현장에 가서 조금만 수소문해 보면 나무의 주인을 쉽게 찾을 수 있습니다.

'나무팝니다'라는 팻말과 함께 전화번호가 있다

그러면 거의 거래의 90%는 되었다고 생각하면 됩니다."

물론 김윤철 씨는 다른 사람보다 좀 유별난 부분이 있다. 하지만 최소한 자신의 주변에 어떤 나무가 자라고 있는지, 어느 농장에 어떤 나무가 심어져 있는지 등은 기본적으로 알고 있는 것이 좋다. 그래서 필요하다면 싼 비용으로 자신의 농장에 필요한 나무를 옮겨 심을 수도 있고, 거래처에서 갑자기 필요한 나무를 찾을 때 해결해줄 수 있는 솔루션이 되기도 한다. 즉, 거래처에 믿음을 주는 방법 중 하나일 뿐 아니라, 자신의 수입을 올리는 방법이기도 하다. 그리고 다른 농장의 나무를 중개해주면 다음에는 반대로 다른 농장에서 자신의 농장 나무를 중개해 줄 수도 있기 때문이다. 그리고 김윤철 씨처럼 나무 정보를 네트워크화하는 것도 좋은 방법이다. 기존에 형성된 사이트를 이용한 네트워크든 아니면 개인 블로그 등과 같이 자신만의 방식으로 만든 네트워크든 21세기 첨단 디지털 시대에는 꼭 필요하다.

요즘은 트리디비나 나무장터 등의 사이트나 나무 관련 각종 블로그를 살펴보면 나무 사진들이 많이 올라와 있는 것을 볼 수 있다. 예전에는 판매하고자 하는 나무에 대한 정보를 글로 알려 줬다면 지금은 사진이 추가된 것이다. 사진이 추가됨으로 인해 구매자는 좀 더 확신을 갖고 구매를 결심하게 된다.

김윤철 씨의 경우도 여러 각도에서 찍은 나무 사진을 판매 사이트에 올린 적이 있다. 그때 사진을 보고 구매를 결심한 사람이 농장에 직접 찾아와 다른 나무까지 구매하는 일이 있었다.

네트워크의 필요성을 더욱 느끼게 된 김윤철 씨는 매일매일 새로 찍은 사진들을 자신의 컴퓨터에 정리하고 그에 대한 정보를 상세하게 메모해 둔다. 김윤철 씨가 전국의 나무농장에 대한 많은 정보를 가지고 있다는 것이 알려지면서 요즘은 나무 중개만으로도 짭짤한 수입이 생기고 있다.

나무 거래는 눈으로 직접 확인한 후에 이루어지는 경우가 많기 때문에 현장에서 직접 사진을 찍고 기록해 둔 사람의 정보는 상당한 유용성이 있게 마련이다. 따라서 체계적으로 자신만의 나무 정보 네트워크를 구축한다면 나무 관리뿐 아니라 판매에도 많은 도움을 줄 것이다.

　김윤철 씨처럼 전국을 다닐 필요는 없지만 적어도 자신의 농장에 있는 나무와 주변 농장에 있는 나무, 그리고 야생 나무들에 대한 정보는 정리해 둘 필요가 있다. 그래서 개인 블로그든 판매 대행 사이트든 가용한 네트워크를 통해 알리는 작업을 해야 한다.

12 나무 심는 올바른 간격

 아무리 친한 사람끼리라도 일정한 간격이 존재한다. 당연히 나무도 간격이 중요하다. 나무를 심을 때는 수목의 간격은 대체로 수관고가 주요 기준이 된다. 한마디로 키를 중요시한다. 따라서 처음에는 어느 정도 밀집되게 심는 것이 경제성을 높일 수 있다. 간격에 여유를 두지 않을 경우 나무는 위로 자라는 속성이 있다.

 수목의 간격을 정하는 또 하나의 기준은 품종의 특성, 묘목의 크기, 성장하는 속도, 판매 시기에 따라 적합한 거리를 정한다. 가장 경제성 높은 식재도 밀도는 식재 후 3~4년 이내에 판매 또는 이식하는 것이 바람직하다. 나무는 서로 경쟁을 해야 빨리 자라며 효율성이 있기 때문이다.

 스트로브잣나무의 경우 크기로 가격을 결정하는데 (단 새순

나무줄기에 바싹내어 뿌리가 완전히 활착될 때까지 튼튼하게 수목을 고정시켜야 한다. 이렇게 고정해야 지만 나중에 나무가 곧게 자라게 된다.

위에 있는 사진같이 간격을 1m 50cm 정도를 유지해야지만 나중에 나무가 자랐을 때 다시 솎아내기를 하지 않아도 된다.

은 높이에 포함을 시키지 않는다), 일단 밀집되게 심은 뒤 넓은 공간으로 이식을 하면 폭도 좋아지고 수형이 다듬어진다. 처음부터 너무 넓은 간격을 주고 식재를 하면 나무의 키가 잘 자라지 않는다는 점을 염두에 둬야 한다.

관목은 20~30cm 정도로 심을 수 있으나 농장주의 구상에 따라 조절할 수 있다.

교목을 심을 때는 대나무나 폐각목, 철근 등으로 지주를 세워준다. 줄기를 곧게 해주면서 생육이 활발해진다. 그런데 가깝게 심으면 나무가 빨리 크는 이점도 있고, 제초하는데 품도 적게 들어가지만 중간에 옮겨줘야 하는 번거로움이 있다. 처음부터 정식 간격으로 심으면 나무가 더디게 크는 경향이 있으며 풀도 더 많이 난다.

교목의 식재 간격은 은행 1~1.5m, 느티나무 3m, 벚나무 1.5m, 단풍나무 1~1.5m를 유지하면 보통 B 6~8, R 10점 규격 생산에 알맞다.

대부분의 나무는 지나치게 습한 것을 싫어한다. 나무를 식재할 땅의 고랑을 깊게 파는 것은 물기가 잘 빠질 수 있도록 하기 위함이다.

나무심는 간격

수 종	출하예정 규격 R,B(cm)	식재거리 가로×세로 (m)	묘목의 수령 및 규격(년, cm)	출하예정 규격까지 재배년수
단풍나무	R5-6	1.0×1.0	4~5, R1.5-2.0	3-4
느티나무	R8-10	1.5×1.5	3~4, H0.3m	3-4
산벚나무	B5-8	1.5×1.0	2, R1.5-2.5	3
층층나무	B8-10	1.5×1.5	2~3, R2-3	3
은행나무	B7-8	1.5×1.2	3~4, R1.5-2.0	3-4
목련	R5-6	1.5×1.2	1, H1.0m 이상	3-4
회화나무	R8-10	1.5×1.5	3, R3-4	3-4
메타세콰이어	B8-10	1.5×1.5	2~3, R2-4	3-4
철쭉	W 0.3m	0.3×0.3	1년생	2-3
회양목	W 0.3m	0.3×0.3	1년생	2-3
쥐똥나무	H1.2-1.5m	0.2×0.3	1년생	2-3
스트로브잣나무	B7-8	1.5×1.5	3~4, H1.0m 이상	4-5
서양측백	H1.5-2.0m	0.6×0.6	3~4, H0.8-1.0	2
향나무	H2.0-3.0m	점차 넓히기	0.2-0.3m	4-5
섬잣나무	H2.0-3.0m	점차 넓히기	접목 1년생	4-5
둥근형소나무	H2.0-3.0m	점차 넓히기	0.1-0.2m	4-5

출처 : 트리디비(www.treedb.co.kr)

13 풀 뽑기. 가급적 농약을 쓰지 마라

 자연(自然)은 스스로 그러한 모습을 띠는 것이다. 인간이 간섭하지 않아도 때가 되면 알아서 자연은 변화하고 생명을 키워낸다.

 봄이 되었다는 것은 풀들이 가장 먼저 안다. 겨우내 언 땅에서 숨죽이고 있던 싹이 봄의 전령사로 가장 먼저 고개를 드는 것이다. 풀은 강인한 생명력으로 온 땅을 뒤덮는다. 작은 자투리땅은 물론 보도블록 사이에도 몸을 비집고 성장하고 있다. 풀이 자라면서 비옥해진 땅은 나중에 나무가 자라고 숲을 이룬다.

 그런데 텃밭을 가꾸어본 경험이 있는 사람이라면 끊임없이 자라는 풀 때문에 고충을 느꼈을 것이다. 그래서 풀이 못 자라지 하려고 비닐을 씌우기도 하고, 일일이 뽑기도 하고, 제초기를 사용한다. 하지만 풀들은 그럼에도 불구하고 금방금방 다시 자라난다.

나무 기르기는 풀과의 전쟁이라고 말할 정도로 풀 뽑기, 즉 제초는 중요하다. 나무 사이에 풀이 자라는 것은 지극히 자연스러운 일이다. 하지만 풀은 나무를 기르는 목적에 있어 나무의 성장은 물론 미관에도 좋지 않은 영향을 준다. 돌아서면 나오고 죽었는가 싶었는데 다시 살아나는 풀은 그야말로 나무농사에서 큰 걸림돌이다.

우리나라 밭에서 주로 자라는 잡초는 바랭이, 강아지풀, 쇠비름, 깨풀, 비름, 명아주, 망초, 쑥 등이 있다. 제초에 실패를 하면 비료를 줄 수 없고, 비료를 잘하지 못하면 나무는 1년에 평균 1점 정도밖에 자라지 않는다. 나무와 땅의 생태를 걱정하시는 분들은 일일이 베고 뽑고 한다. 제초제에 의존하는 것이 좋지 않기 때문이다. 그러나 면적이 넓으면 풀이 자라는 속도를 따라갈 수 없다. 더욱이 자주 풀을 뽑아줄 수 없는 경우에 제초제의 도움을 받기도 한다.

그런데 제초제를 사용하게 되면 문제가 생긴다.

제초제를 사용하면 어떤 문제가 발생하는지 남원에서 나무를 직접 재배하는, '송학조경' 송금철 사장의 말을 통해 알아보자.

"한마디로 말하면 제초제를 뿌리면 풀도 죽지만 나무도 죽어요. 제초제 뿌리는 동안 바람에 제초제가 날아가 나무에 닿게 되죠. 결국 나무도 고사하게 됩니다. 특히 어린 묘목은 저항력이 강하지 않기 때문에 농약을 치면 바로 죽을 수가 있어요. 그리고 제초제를 땅에 뿌리게 되면 풀은 죽게 되지만 제초제의 독성으로 인해 지력이 떨어지고 결국 나무가 못 자라는 땅이 되어 버려요. 사실 나무라는 것이 땅에 의하여 자라는 것인데 제초제의 독성은 땅을 좋지 않게 하고 자연스럽게 나무가 자라는 데 해가 된다는 것입니다."

결국 송 사장은 작업이 고되고 힘들지만 제초를 할 때에는 제초제를 사용하지 않고 직접 작업을 하는 방법이 가장 좋다고 말한다. 송 사장은 새벽 5시에 일어나서 오전 중으로, 날이 더워지기 전 직접 제초를 한다.

전문가들은 당장 농약으로 모든 것을 해결하려고 하지 말고 나중에 어느 정도 나무가 큰 다음에 부득이 한 경우에 농약을 미량 사용하는 것이 좋다고 조언한다.

농약을 쓰지 않고 송 사장처럼 일일이 제초를 하며 직접 농장을 관리하고 싶지만 그럴 형편은 안된다고 전혀 방법이 없는 것은 아니다.

먼저 예초기를 사용하는 방법이 있다. 예초기는 토양의 유실을 막을 수 있고, 잡초 자체를 퇴비화하여 토양 내의 유기물 함량을 증가시킬 수 있는 장점이 있다. 그렇지만 예초기 사용은 위

제초된 풀을 나무 주위에 덮어주어 나중에 거름으로 활용될 수 있도록 하였다

험하기 때문에 기계작동 시 상당한 주의가 필요하다.

예초기 등으로 직접 제초하지 않고, 그리고 제초제를 사용하지 않고 나무를 키우는 좋은 방법이 있다. 들묵새라는 초생식물을 심어놓으면 다른 잡초들이 잘 자라지 않는다. 그리고 들묵새는 나무와 양분 결합을 하지 않기 때문에 나무에 전혀 해를 주지 않는다. 다만 들묵새는 나무를 심기 전에 조성해야 하는 단점이 있다. 들묵새는 봄에 나무를 식재하기, 그 전해 가을에 파종해 놓아야만 큰 효과를 볼 수 있다.

그리고 나무 전문가들은 아예 잡풀이 없는 것보다 어느 정도

잡풀이 있는 것이 좋다고 한다. 아침에 잡풀 잎에 맺힌 이슬은 보습 효과가 있어 나무의 습기 유지에 도움이 된다. 맨땅에 내린 이슬은 금방 말라버린다. 따라서 제초를 할 때는 어느 정도 남겨두는 것도 좋다.

 나무농장에서 일반적으로 하는 제초 방법이나 시기는 다음과 같다. 정기적인 인력 제초는 4~5월(1회), 6~8월(2회), 9~10월(1회)의 연간 4회를 기준으로 실시하되 필요에 따라 횟수를 늘린다.

14 비료 주기는 생육 속도를 좌우한다

나무는 자연스럽게 자신의 뿌리를 통해 땅으로부터 영양분을 빨아들여 성장을 한다. 그러다보니 땅의 영양 상태에 따라 성장의 차이가 있게 마련이다. 나무사업을 하기 위해 땅을 임차나 매입을 하게 되고 나무를 식재하게 되는데, 문제는 땅의 영양 상태를 대략 파악할 수는 있지만 구체적인 영양 상태는 잘 알 수가 없다는 것이다. 그래서 나무사업을 하는 많은 사람들이 나무의 성장을 돕기 위해 땅에 인위적으로 영양을 공급하게 되었다. 대표적인 것이 비료다.

비료를 줄 때는 나무 주위의 군데군데에 구덩이를 파고 주어야 한다. 나무 밑동에 바로 비료를 주는 것은 별로 효과가 없다. 잔뿌리에서 대부분 영양분을 흡수하기 때문이다.

또한 봄에 나무의 생육이 활발할 때 비료를 줘야 한다. 비료는 크게 질소질 비료와 인산질 비료, 칼리질 비료, 복합 비료 등으로 나뉜다. 질소질 비료는 가지나 잎이 더 잘 자라게 해주고 인산질 비료는 열매의 결실을 돕거나 꽃을 피우는 데 도움을 주는 비료다. 칼리질 비료는 뿌리와 가지의 생육을 보다 활발하기 위해 시비하는 것으로, 병충해에 대한 저항력을 높여 주는 역할을 한다. 복합 비료는 질소, 인산, 칼리가 고루 포함돼 있어 밑거름으로 사용할 수 있으며 덧거름으로도 사용할 수 있는 속효성 비료다.

나무를 식재하는 땅에는 잘 썩은 퇴비를 될 수 있는 한 많이 넣어준다. 완전하게 썩은 퇴비가 없을 경우에는 거친 퇴비라도 넣고 깊이 갈아놓은 다음 이른 봄에 식재하는 것이 좋다. 임야의 경우 당해 년에 바로 식재를 하지 말고 일단 비료를 듬뿍 줘 땅을 윤택하게 한 뒤 다음 해에 식재를 하는 것이 나무 생육에 좋다.

나무의 수세에 따라 거름량을 정하는 것이 매우 중요하다. 따라서 나무를 심은 첫해에는 거름을 적게 주고 뿌리가 착근된 다음에 점차적으로 거름의 양을 늘려주는 방법이 좋다. 일반적으로 묘목은 식재 후 6개월부터 거름을 주기 시작하고 속성수의 경우 복합 비료를 본당 10~20g, 장기수 20g 정도 주며 성장 속도 크기에 따라 양을 조절하여 적게 자주 주는 게 좋다.

 **종자번식, 접목, 삽목, 취목, 포기나누기**

- 씨를 파종해 번식시키는 종자번식은 묘목을 한꺼번에 많이 얻을 수 있고 누구나 쉽게 할 수 있는 이점이 있지만 다른 번식법에 비해 시간이 많이 걸리고 생육이 느리다는 단점이 있다. 밭에 직접 뿌리거나 적은 양일 경우 파종박스를 별도로 만든다. 파종용 흙은 진흙처럼 아주 부드럽지도 너무 거칠지 않은 중간 정도가 좋다. 밭흙과 모래에 부엽토를 반반 정도 섞어서 쓰기도 한다.
- 삽목(꺾꽂이)은 어미나무와 성질이 같은 나무를 얻거나 실생묘 보다 빨리 정원수로 쓰기 위해 사용한다. 가지꽂이, 잎꽂이, 눈꽂이 등 여러 방법이 있다. 꺾꽂이가 되는 것은 동백나무, 영산홍, 삼나무, 남천 무화과, 매실나무, 치자나무, 주목, 무궁화, 배롱나무, 석류, 물푸레나무, 명자나무 등이다.
- 접목(접붙이기)은 유전형질이 다른 대목과 접순을 접붙여 우량 품종을 번식시키기 위해 주로 사용된다. 추위 등에 강한 대목에 맛있는 과실이나 아름다운 꽃의 가지를 접순으로 붙여 키우기도 한다. 실생으로는 얻을 수 없는 우량 품종을 증식시킬 수 있고, 꺾꽂이 보다 생육이 빠르다는 장점이 있다. 접붙이기를 할 수 있는 접순과 대목은 매실나무-들매실복숭아, 단풍나무-산단풍, 장미-찔레, 모란-작약, 동백나무-산동백나무, 금송-곰솔, 귤나무-탱자나무 등이다.
- 휘묻이는 식물의 일부를 어미그루에 달린 채 뿌리를 내리게 한 다음 잘라내어 새로운 개체를 만드는 번식법의 하나로 취목이라고도 한다. 기존 나뭇가지를 흙에 묻거나 가지의 껍질을 벗긴 뒤 물이끼 등으로 덮어 뿌리를 내리게 한 다음 잘라내어 땅에 심는 방법이 있다. 휘묻이를 할 수 있는 수종은 목련, 고무나무, 곰솔, 종가시나무 등이다.
- 포기나누기(분주법)는 말 그대로 뿌리가 발달한 완전한 식물체를 분리시키는 것을 말한다. 목련과 석류나무 떡갈나무 대나무 관음죽 등은 포기나누기를 통해 개체 수를 늘릴 수 있다.

15 나무도 메이크업을 해야 한다

나무를 키우려면 많은 관리가 꼭 필요하다. 우리가 수익형부동산을 사서 재테크를 하더라도 일 년에 한 번 혹은 매달 청소도 하고 건물의 외벽에 페인트도 칠해야 하듯 나무 역시 일 년에 1~2번 정도는 가지치기를 해서 나무가 곧게 잘 자랄 수 있도록 해야 한다. 또한 비료도 주고, 물도 주고, 나무가 자리 잡기 전까지 풀이 자라지 않도록 비닐을 씌우는 등의 관리가 필요하다.

하지만 아무리 관리를 잘해도 나무는 똑같은 모양으로 생산되지 않는다. 그래서 개성이 오히려 그 나무의 가치를 올려주기도 한다. 하지만 가로수와 같이 대칭으로 열식이 되는 조경수의 경우는 나무의 높이(수고), 너비(수관폭), 가슴높이의 직경(흉고), 뿌리 부근의 굵기(근원경)로 거래되기 때문에 이러한 규격의 척도를 염두에 두고 가꾸어야 한다.

가로수로 쓰이는 느티나무나 왕벚나무 같은 경우만 놓고 보아도 납품이 되어서 조경수로 쓰이려면 규격이 필요하다. 두께로 따지면(전문용어로 '점'이라고 하는데) 몇 점 이상이 되어야 한다.

그리고 사람들이 보행을 할 때 나뭇가지에 걸려 부상을 당하거나 보행에 방해가 되지 않아야 한다. 그래서 통행에 필요한 높이(전문용어로 '지하고'라고 함)가 있어야 한다. 따라서 조경수로서의 규격에 맞는 나무로 잘 자라게 하려면 잔가지는 정리를 해야 한다. 잔가지를 정리해 주는 '전정'을 하지 않으면 주가지로 가야 할 영양분이 분산되어 성장에 영향을 주기 때문이다.

수목의 관리를 위해서는 전정과 정형 등의 작업이 필수적이다. 전정은 주로 수목을 생리적으로 볼 때 불필요한 가지를 잘라주는 것을 말한다. 정형은 아름다운 수형을 유지하기 위해 모양새를 다듬는 것을 말한다.

일반적으로 수목에서 잘라줘야 할 가지는 말라죽은 가지나 밑동에서 나오는 잔가지, 거꾸로 자란 가지, 엉킨 가지 등이다.

전정을 잘 해주면 통풍과 채광이 좋아 나무 생육에 좋은 영향을 준다. 전정을 할 경우 나무에 따라 다르지만 가급적 가지가 뻗어 나온 줄기 표면에 바싹대고 잘라주는 게 나중에 예쁜 나무 모양을 만들 수 있다.

　수형이 아름다운 나무가 제값을 받을 수 있기에 시장에서 어떤 수형을 요구하는지를 알아야 한다. 근경을 재는 나무는 근경을 키우는데 신경을 써야 한다.

　밀식이 되어 키만 크거나 굽어서 자란 나무, 병든 나무, 가지가 부러진 나무는 외면당할 뿐만 아니라 주변 수목의 성장까지 방해하므로 수시로 과감히 잘라 버려야 한다.

　결과적으로 100주의 묘목을 심었을 경우 상품화 되어서 판매할 수 있는 수량은 85주 내외다. 조경수는 잘만 길러두면 조경수목 포털사이트나 조경신문 등을 통해서 쉽게 판매가 가능하다.

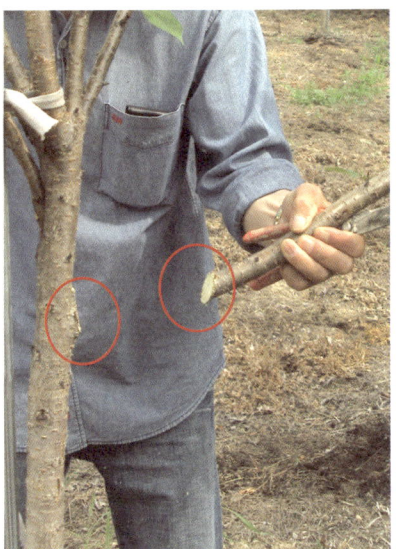

중심 가지 아래에 있는 가지들은 전지를 한다

결에 맞추어 전지한다

전지가 잘 된 나무들(소나무)

16 나무 이식하기 전 해야 할 일

이식할 나무의 뿌리의 상태를 좋게 하기 위해서는 이식 6개월이나 1년 전에 뿌리돌림을 해줘야 한다. 뿌리돌림은 뿌리 주위에 잔뿌리가 많이 나게 해 이식 시 활착률을 높이기 위해 실시되는 작업이다.

우선 일정 간격으로 뿌리 주위에 도랑을 파고 뿌리를 노출시킨 뒤 잔뿌리는 자르고 굵은 뿌리는 3cm 정도 껍질을 벗겨준다. 껍질을 벗겨주는 이유는 잔뿌리가 잘 나도록 하기 위함이다. 뿌리돌림을 한 뒤에는 아무래도 영양분 흡수가 전보다 더디기 때문에 뿌리가 상한 만큼의 가지를 잘라줘야 생육에 밸런스를 유지할 수 있다.

나무의 분을 뜬 후에 고무바로 묶는다

굴취는 분 뜨기를 말하는 것으로, 뿌리가 깊은 상록수나 침엽수는 분을 뜰 때 넓이보다 깊이에 치중해 분을 떠야 하며, 뿌리가 얕은 천근성인 관목류는 깊게 분을 뜨기보다는 얕게 그리고 넓게 분을 뜬다. 분 뜨기를 한 뒤에는 흙이 떨어지지 않도록 새끼 등으로 뿌리 주위를 감아준다.

나무 이식을 잘한 후에 꼭 빼먹지 말고 해야 할 일은 물을 잘 주어야 한다.

이식 후 관수 모습

관수를 함으로써 땅에 토양과 물이 충분히 밀착되어 빈 공간이 없도록 해야 한다

Tip 이식 순서도

사전작업
(미리 뿌리를 잘라내어 환상박피하여 세근이 발달할 수 있도록, 1~3년 전에 시행. 가을이 유리)

↓

굴취

↓

운반

↓

가식

↓

정식

↓

구덩이 파기 (뿌리분 크기의 1.5배)

↓

식재
(흐리고 바람 없는 날, 공중습도가 높을수록 좋다. 확실히 밀착되도록 죽쑤기를 함)

↓

지주 세우기

↓

전정
(지엽의 수분 증발량 조절을 위해 전정 후 증발억제제 살포)

↓

양생
(식재된 나무의 활착을 돕는 보호조치, 방풍양생, 줄기감기양생, 흙바르기양생)

관수(물 주기)

나무를 심은 후에는 물주기가 중요하다. 물주기를 잘못할 경우 나무가 고사될 가능성이 많기 때문이다. 물주기를 할 때는 시간을 충분히 갖고 천천히 주는 것이 좋다. 큰 나무일수록 관수를 잘해야 한다. 큰 나무의 경우 물집을 만들어 주는 것도 한 방법이다. 지반과 나무분의 수분이동이 용이하도록 하기 위해서다. 이때 살충제를 첨가하기도 한다.

나무를 심은 뒤 일기가 건조하면 물주기를 해야 한다. 식물이 자라는데 좋은 토양의 습도는 약간 젖어있는 것이 좋다. 초보자들이 육안으로 물 주는 시기를 알아내는 것은 쉽지 않다. 그러나 잎에 생기가 없고 윤기가 없을 때, 잎이 두꺼운 다육식물들의 잎이 얇아졌을 때가 물을 줘야 할 시기이다. 토양 표면에 측정기를 꽂아 물 주는 시기를 알아내는 방법도 있다.

물을 줄 때에는 여러 번 자주 주는 것보다 한 번에 많은 양을 주는 것이 좋다. 자주 줄 경우 식물 스스로 습도를 조절하는 능력이 약해지면서 뿌리가 썩어 죽는 경우가 많다.

나무가 죽은 이유 중 또 다른 하나가 과습이다. 지나치게 물을 많이 줘 죽는 경우이다. 대부분의 나무들은 물과 습한 것을 싫어한다.

묘목을 심을 때는 흙을 덮기 전에 물을 한 번 흠뻑 주고, 그다음은 나무가 자생력이 생기도록 해줘야 한다. 오히려 갈증을 느끼게 하는 것이 뿌리의 생육(생존)을 촉진하고 나무를 건강하게 만들어준다.

소나무의 경우 물을 많이 주기보다는 잎을 훑어주거나 잔가지를 잘라 수분증발을 억제해주는 것이 효과적이다. 나무줄기에 새끼를 감고 황토흙을 발라주기도 한다. 해충의 피해를 막으면서도 나무 표면의 건조를 방지해주는 효과가 있다. 나뭇잎의 수분증발을 억제하기 위해서는 분무기의 노즐을 아주 가늘게 해서 잎부분에 뿌려준다. 이는 잎표면에 수막을 형성하기 위해서이다.

Chapter 4

어떻게 팔아야 하나

17 나무 가격, 상승의 패턴을 알아야 한다
18 너무 비싸게 팔려고 하지 마라
19 조경업자와 유통업자를 내 친구로 만들어라
20 조경수 안전하게 거래하기

17 나무 가격, 상승의 패턴을 알아야 한다

'나무도 경기를 탄다. 인기 수종은 주기가 있다.'

나무사업을 하려면 이 말의 뜻을 잘 이해해야 한다. 경기가 불황과 호황을 일정 기간 반복하는 사이클을 형성하듯 나무에도 주기가 있다. "앞으로 어떤 유실수가 투자 유망한가요?"라고 묻는 것은 어리석은 일이다. 마치 "어떤 종목에 투자해야 돈을 벌 수 있을까요?"라고 묻는 것과 같다. 지금 인기가 있는 수종은 조금 뒤에는 공급과잉 상태가 되고, 당연히 시장가격이 떨어진다.

예를 들어 살구나무는 7~8년 전만 해도 잘 나가는 수종이었다. 없어서 못 팔 정도였다. 그러나 지금은 찾는 사람이 현저히 줄어들었다. 1/10 수준에도 못 미칠 것이다. 반대로 최근 인기가 있는 이팝나무는 얼마 전까지만 해도 찾는 사람이 없었다. 지금은 가로수로 잘 팔려나간다.

나무 전문가들은 나무시장에는 짧게는 5~6년, 길게는 12년 주기가 있다고 말을 한다. 오랜 기간 나무를 취급하면서 몸으로 체득한 진리다. 지금 인기가 있는 수종이라도 지속적으로 인기를 끌기는 어렵다는 얘기다. 따라서 멀리 앞을 내다보는 혜안이 필요하다. 베스트셀러보다는 스테디셀러에 눈을 돌리는 것이 가장 안전하다.

꾸준히 팔리는 상품을 살펴보자.

느티나무와 산수유는 지속적으로 팔리며 꾸준하게 수익을 안겨다 주는 수목이다. 회양목도 꾸준하게 팔리는 수종 중 하나다. 회양목은 생명력이 유달리 강한데다 그늘에서도 잘 자란다. 울타리용으로 그만이다.

하지만 안전한 수목만을 취급할 수는 없다. 나무사업도 사업이기 때문이다. 주식시장에서의 레버리지 효과라는 말에 귀를 기울일 필요가 있다. 위험이 큰 만큼 고수익으로 연결되는 경우가 종종 있기 때문이다. 시장에서 성공하기 위해 남들이 거들떠보지 않는 종목을 발굴할 필요가 있다.

아파트 단지들의 차별화 전략에 따라 앞으로 예술성이 높은, 그러면서도 경제성이 있는 조경수에 대한 수요는 크게 증가할 것으로 필자는 믿는다. 같은 아파트라도 어떤 나무가 심어져 있는가에 따라 분위기가 달라질 것이고, 그로 인해 아파트 가격도 몸값을 달리할 것이기 때문이다.

나무사업도 미래 예측과 틈새시장을 노리는 블루오션 전략을 짜야 한다.

'아마도 이런 종류의 나무는 별로 없을 거야. 유망하지 않겠어?'라고 흔하지 않은 나무에 관심을 가져볼 필요가 있다.

현재 우리나라는 주거환경에 대한 인식의 변화와 조경수에 대한 열풍이 일어난 만큼 앞으로 새로운 수요가 꾸준히 있을 것이다.

단지 돈만 불리겠다는 얄팍한 재테크보다 내 삶을 살찌게 하고 나의 정서를 고양시켜주면서 동시에 재테크도 할 수 있는 조경산업, 보다 큰 의미의 정서산업이 주목을 받게 되면서 화훼를 비롯한 조경수의 가치는 날로 높아갈 것으로 보인다.

조경수를 재배할 경우 단기간 내에 생산되는 속성수보다는 투자 기간이 긴 침엽수 쪽을 택하는 것도 한 방법이다. 끈기와 전문성을 가지고 매년 전정을 실시해 나무 모양을 다듬는 등 남들이 쉽게 따라하기 힘든 방법을 고수하는 것도 좋은 전략이다.

안정적인 수익을 올리기 위해서는 우선 시장의 규모를 예측해야 한다. 시장의 규모는 수요자의 선택에 달렸다. 지금은 수요자가 건설업자와 같은 기업의 형태에서 개인 정원을 꾸미려는 개인 수요자로 확대되고 있기 때문에 수요자의 특징을 잘 파악해서 전략을 세워야 한다. 그리고 시장의 주기를 잘 파악해야 한다. 앞으로 인기를 끌 수종을 미리 예측해서 준비해야 한다. 이때 시장의 예측은 심리적인 면, 경제적인 면, 정책적인 면을 충분히 검토한 후 결정해야 한다. 그리고 꾸준히 인기를 끄는 수종도 함께 식재해서 기본적인 수익을 보장해야 한다.

18 너무 비싸게 팔려고 하지 마라

수목의 상태가 아무리 훌륭해도 너무 비싸게 팔려고 해서는 안 된다. "비싼 만큼의 가치가 있기 때문에 절대 가격 흥정은 없어!"라고 말하는 순간 앞으로의 수목 판매는 어려울 것이다. 명품백처럼 아무리 비싸도 사게 되는 것은 그것이 아니면 대체할 상품이 없기 때문이다. 하지만 수목은 반드시 그 나무여야 하는 이유가 명품백보다는 떨어진다. 그렇기 때문에 다른 나무보다 상대적으로 비싸면 아무리 좋은 수목도 외면을 당하게 된다. 아직은 수목에 대한 인식이 명품백보다 떨어지는 것이 안타깝지만 현실이다.

시장에 "그 집은 나무를 비싸게 팔아."라는 소문이 나면 나무를 구입하려는 도매상들의 발길이 끊어진다. 다른 곳도 많은데 굳이 비싼 곳에서 아쉬운 소리를 하며 나무를 살 필요가 없기 때문이다.

오랫동안 나무사업을 해온 허모 씨는 사는 사람 입장도 생각해야 한다고 강조한다.

"대중성 있는 가격에 팔아야 합니다. 10,000원 받을 수 있는 것도 9,900원에 파는 전략이 필요합니다." 사는 사람의 입장도 생각해야 한다는 얘기다. 내 이익만 챙기려고 해서는 안 된다. 주식시장에서의 매도 전략처럼 '무릎에서 사서 어깨에 팔아라.'라는 전략도 나무시장에 그대로 적용된다. 때문에 항상 나무 시세에 대해 모니터링을 꾸준히 하고 있어야 한다. 도매가와 소매가, 그리고 시장별 가격 추이를 꼼꼼하게 체크할 필요가 있다. 그래서 조금 저렴한 가격에 파는 전략을 세울 필요도 있다. 그렇다고 이익을 감수하면서까지 저렴하게 팔 필요는 없다.

시장에서는 나무도 하나의 상품이다. 상품의 가치는 시장에서 결정된다. 상품을 가꾸고 만든 사람의 정성과 기술에 따라 같은 품종이라도 그 가치는 천차만별로 나뉘게 된다. 이 말을 달리 표현하면 나무의 가치는 굉장히 주관적이라는 것이다. 사는 사람은 사는 사람대로, 파는 사람은 파는 사람대로 나름의 적정한 가격을 미리 정하고 있다는 것이다. 시장가격은 일반적으로 무리 없이 유통될 수 있는 수준의 가격이다. 반드시 그 가격이어야 하는 이유는 없다.

가끔 시장의 가격보다 훨씬 높게 매겨진 자신의 나무를 시장과 사람들이 외면하면, 그들을 나무의 가치를 모르는 저급한 사람으로 취급하며 욕을 하는 사람도 있다.

그러나 나무는 예술작품처럼 두고두고 가치가 올라가는 것이 아니다. 나무도 분명 판매의 적정한 시기가 있는 것이다. 그 시기를 놓치면 오히려 가치는 떨어질 수 있다. 따라서 적정한 시기에 적정한 값으로 시장에 내놓아야 하고 팔아야 한다.

자신이 들인 노력과 기술이 스스로 생각하기에 위대해 보여도 그보다 훌륭한 기술과 노력을 기울이는 사람들은 늘 있게 마련이다.

그릇에 물이 차고 넘치는 것보다 조금 모자란 듯 찰랑거리는 것이 좋듯이 물품의 가격은 찰랑찰랑해야 한다. 흥정의 묘미도 있고 적정한 가격에 샀다는 만족감도 주기 때문이다.

19 조경업자와 유통업자를 내 친구로 만들어라

'노하우(Know How) 보다 노후(Know Who)가 더 힘을 발휘한다'

전라북도 장수에서 나무사업을 하는 김성원 씨는 틈만 나면 자신의 나무(10점짜리 느티나무 1,000주, 8점짜리 왕벚나무 500주)를 홍보하는데 하루의 거의 모든 시간을 투자한다. 그의 핸드폰에는 수많은 조경업자들의 연락처가 있다. 그들 중에서 그는 알토란같은 조경업자들을 친구로 만들었다. 김성원 씨는 조경업자 친구들을 통하여 1년에 3억에서 5억 원 정도의 수입을 올린다. 그럼 그가 이야기하는 조경업자를 친구로 만들게 된 비결을 들어보자.

"사실 나무의 수요를 차지하고 있는 부류를 분류하자면 첫 번째 건설업자, 조경담당 공무원, 조경업자 등일 겁니다. 그중에서 가장 많이 나무를 필요로 하는 사람들이 바로 조경업자들입니다. 조경사업을 하는 사람들의 백 리스트를 만들고 그들에게 다양한 형태의 정보 즉, 자신이 소유한 나무 사진을 찍고 수형과 수량 등을 제공하면서 지속적인 유대관계를 쌓아가야 합니다. 그러면 자연스럽게 판로가 보장이 됩니다. 또한 이들은 항상 나무를 필요로 하기 때문에 나무를 꼭 키워서 팔아야 하는 경우 말고도 중간에 질 좋은 나무를 사서 바로 넘기는 경우 또한 가능하지요. 이렇게 되면 유통 마진만으로도 충분한 수익을 거둘 수 있습니다."

나무 거래에서는 무엇보다 돈독한 거래선을 가지고 있어야 한다. 서로 소개를 하고 원하는 물건도 구해다 주고 하는 식의 상부상조를 하면 손쉽게 사업을 전개할 수 있다. 윈윈 전략을 세우는 것이 좋다는 말이다. 물론 여기에는 인간적인 관계가 베이스에 깔려 있어야 한다.

부자가 된 사람들의 공통점은 자신의 원칙을 철저하게 지키되 항시 귀를 열어놓는 습관이 있다. 독불장군식 외고집을 부리지 않는다. 자신의 살아온 경험만을 믿는 바보짓은 하지 않는다. 조력자의 조언을 흘려듣지 않고 경청을 한다.

조력자 중에는 그 분야의 전문가가 꼭 있어야 한다. 전문가는

시장 흐름에 대해 누구보다 자세히 알고 있다. 여러 사람의 말을 듣는 것도 중요하지만 제대로 된 전문가 한 명의 이야기를 깊이 있게 듣는 것이 필요하다.

누구든 자신의 얘기를 경청해주면 부담감을 갖고 책임 있는 조언을 해주게 되어 있다. 특히 전문가 일수록 영양가 있는 조언을 한다.

지역별 조경업체 상위 30위 (서울특별시, 인천광역시)

단위 : 천원

순위	서울 업체명	금액	인천 업체명	금액
1	고려조경(주)	39,544,945	대왕조경(주)	20,170,390
2	청우개발	35,515,134	대산녹화산업(주)	16,616,488
3	(주)장원조경	32,842,030	진영조경건설(주)	7,568,283
4	(주)다원녹화건설	26,869,319	온누리엘앤씨(주)	4,252,955
5	금강종합조경(주)	23,434,402	해일조경(주)	3,913,144
6	(주)원화조경	20,949,491	(주)토우조경	3,694,563
7	(주)한국골프엔지니어링	14,359,378	(주)삼지조경산업	3,618,695
8	(주)테라원	13,914,087	(주)데코산업	2,900,584
9	주원조경(주)	13,506,272	(주)늘솔조경	2,890,850
10	삼성에버랜드(주)	12,892,871	대평건설(주)	2,822,282
11	(주)부여조경	11,293,037	(주)삼호	2,745,082
12	(주)에이엠엔지니어링	10,857,770	(주)새미	2,721,200
13	(주)유일종합조경	10,641,828	(주)지원엘엔씨	2,690,997
14	가야랜드(주)	10,570,685	(주)새마을조경	2,650,497
15	(주)다우조경	10,136,058	한라조경건설(주)	2,177,400
16	(주)초지	10,041,191	토평건설(주)	2,154,900
17	(주)풍록원	9,668,268	미류조경건설(주)	2,149,785
18	(주)현우그린	8,717,578	(주)한승조경	2,073,686
19	광명조경건설(주)	8,254,334	(주)적송조경개발	2,055,235
20	(주)영원산업개발	8,124,313	동산조경개발(주)	1,912,019
21	(주)정경원	7,910,596	경림엘엔씨(주)	1,807,581
22	일등산업(주)	6,459,405	(주)영서조경	1,582,094
23	신해룡개발(주)	6,140,234	옹진부천산림조합	1,545,250
24	(주)한일환경디자인	5,903,846	상일토건(주)	1,463,550
25	아아조경(주)	5,815,683	(주)호민조경	1,418,170
26	세인조경(주)	5,527,016	홍림조경(주)	1,331,657
27	(주)동림종합조경	5,447,743	(주)현대도시조경	1,306,371
28	피에스건설엔지니어링(주)	5,442,800	(주)이지원	1,180,014
29	(주)푸른공간	5,429,448	호연코리아(주)	1,151,151
30	세림조경건설(주)	5,295,855	동양조경건설(주)	1,045,377

출처 : 한국조경신문(2010년 연간매출액)

지역별 조경업체 상위 30위
(경기도, 경상남도)

단위 : 천원

순위	경기 업체명	금액	경남 업체명	금액
1	(주)동의종합조경	25,033,559	(주)금솔개발	6,063,423
2	케스코조경(주)	8,977,650	(주)자인조경건설	4,222,842
3	육임조경(주)	8,656,393	우정건설조경(주)	3,924,423
4	아세아환경조경	8,470,307	(주)대원조경	3,571,304
5	대풍조경(주)	7,482,704	(주)백운조경개발	2,794,849
6	영림산업(주)	7,344,278	(주)예원조경건설	2,519,454
7	도연조경(주)	7,022,763	삼덕조경(주)	2,518,884
8	청하도시개발(주)	6,777,393	(주)한별조경건설	2,286,521
9	청원조경(주)	6,199,403	덕성조경건설(주)	2,276,787
10	안산조경건설(주)	6,169,275	(주)가람	2,227,293
11	청도조경(주)	5,920,684	조경숲	1,784,410
12	태극조경(주)	5,386,935	남영조경	1,663,614
13	에이스엔지니어링(주)	5,248,376	(주)신라조경	1,454,437
14	우본개발(주)	5,191,013	고성군산림조합(경남)	1,422,582
15	(주)그린에이드	5,040,579	함양조경	1,323,084
16	(주)가나안건설	4,978,966	(주)유정건설	1,258,486
17	(주)신세기	4,921,726	하동군산림조합	1,239,499
18	에버파크조경(주)	4,920,151	(주)유성조경	1,166,368
19	(주)상림조경	4,813,141	(주)지수조경건설	1,104,699
20	영산조경(주)	4,386,831	(주)크로바조경	1,059,142
21	(주)미산	4,210,987	(주)대송개발	1,039,239
22	상명그린산업(주)	4,091,179	(주)한울	1,027,137
23	명성조경건설(주)	4,084,722	(주)명보조경	1,012,541
24	정라조경(주)	3,961,667	(주)에스알개발	965,455
25	(주)토림산업	3,860,757	지전조경	918,031
26	나라조경(주)	3,766,518	(주)양산조경	872,551
27	일송환경복원(주)	3,725,427	(주)녹연	859,588
28	(주)씨엠에이	3,655,708	(주)영현건설	833,470
29	이레조경개발(주)	3,509,345	(주)명성조경개발	816,630
30	푸른조경	3,503,768	(주)진명건설조경	816,563

지역별 조경업체 상위 30위 (강원도, 충청북도)

단위 : 천원

순위	강원 업체명	금액	충북 업체명	금액
1	(주)대성에코텍	2,990,838	삼해조경	2,015,352
2	경신조경원(주)	2,239,150	정도조경건설(주)	1,918,756
3	(주)늘푸른조경	2,127,689	성화조경(주)	1,696,525
4	(주)예원개발	2,011,615	(주)한솔조경	1,509,200
5	그린오크	1,722,662	괴산증평산림조합	1,315,815
6	아름조경	1,529,894	새한조경	1,149,478
7	극동산업개발(주)	1,339,067	(주)래딕스플래닝	1,139,255
8	홍천군산림조합	1,167,472	(주)대화농원	1,009,246
9	(주)미르	1,108,700	제일조경개발(주)	964,770
10	횡성군산림조합	1,106,428	(주)천지인	838,432
11	예림조경(주)	1,058,442	(유)나무나라돌세상	834,598
12	(주)산과들	917,713	고려조경	818,995
13	(주)서원조경	877,295	(주)수림건설조경	759,535
14	(주)하이원	856,848	(주)청원조경	754,444
15	(주)에스에스	840,476	(주)한결조경	729,919
16	(주)그린토피아	809,636	(주)일화조경	715,470
17	봉황산업(주)	805,408	두원조경	714,091
18	(주)영서조경	792,548	(주)신한이엘씨	678,669
19	(주)가온디자인	784,598	연흥조경	676,242
20	기평건설(주)	724,327	토우산업(주)	671,880
21	(주)동일엘앤씨	711,227	세웅조경(주)	649,291
22	(주)그린청솔조경	705,994	(주)엠지엔지니어링	645,204
23	(주)가우디	667,190	에스피건설(주)	628,073
24	(주)뉴텍건설	655,407	삼라조경건설(주)	573,845
25	(주)세아조경건설	557,399	단양군산림조합	573,733
26	(주)옥산조경	538,693	(주)상산종합조경	569,954
27	(주)송산조경	504,210	(주)부일조경	557,215
28	(합)영재개발	501,475	탑조경공사(주)	543,956
29	(주)푸른조경	500,974	(주)삼거조경	540,913
30	양양군산림조합	498,063	(주)억수조경건설	539,279

지역별 조경업체 상위 30위 (경상북도, 대구광역시)

단위 : 천원

순위	경북 업체명	금액	대구 업체명	금액
1	천우조경(주)	9,751,351	(주)성진조경	2,390,713
2	(주)이와소코리아	7,874,462	(주)티시그린	2,274,398
3	무송종합조경(주)	3,135,070	교보건설(주)	2,207,559
4	승주건설(주)	1,620,539	씨에이치조경(주)	2,201,612
5	(주)정동조경개발	1,298,550	(주)신후랜드	2,192,255
6	(주)정원애	1,282,142	(주)한강건설	2,019,639
7	(주)금송조경건설	1,203,462	(주)에이스조경개발	1,970,648
8	(주)성림조경	1,118,457	(주)유림조경	1,920,240
9	(주)서부조경개발	1,085,855	삼우랜드스케이핑	1,861,673
10	(주)숲을가꾸는사람들	1,046,848	(주)그린건설	1,751,914
11	(주)리그린	1,044,864	(주)하림조경	1,513,312
12	성원산림조경(주)	1,044,437	(주)일성조경	1,500,395
13	(주)청솔엘.에이.씨	998,317	도시조경건설(주)	1,439,860
14	(주)한백조경개발	945,530	(주)선진조경	1,220,806
15	(주)현대조경	893,805	(주)앞산조경	1,112,778
16	(주)에코탑	832,700	(주)대정원	1,064,679
17	신라조경(주)	831,650	(주)명지종합개발	1,061,650
18	희수조경(주)	771,817	(주)금산조경개발	1,002,218
19	청록건설(주)	769,068	(주)신아조경	970,903
20	영진산업(주)	752,582	(주)성림조경	919,144
21	(주)진흥녹화센터	725,687	대구달성산림조합	886,471
22	우일조경(주)	719,500	(주)파크조경건설	867,187
23	(주)기주건설	706,757	명신조경(주)	802,899
24	(주)선주조경	706,744	(주)진성조경	779,795
25	(주)동우아트	678,538	정석조경	692,522
26	(주)해동조경	644,726	(주)건영조경건설	620,690
27	(주)경일건설	634,694	(주)대영건설조경	576,265
28	대가조경	628,936	(주)수미랜드	569,582
29	(주)유림조경	606,234	(주)동원조경개발	557,387
30	두산조경(주)	603,435	(주)전원산업개발	518,649

지역별 조경업체 상위 30위
(대전광역시, 충청남도)

단위 : 천원

순위	대전 업체명	금액	충남 업체명	금액
1	(주)수림환경개발	7,264,486	(주)고운조경	26,592,001
2	한밭조경	5,304,284	산수녹화산업(주)	10,900,900
3	남도조경	4,678,427	남우건설(주)	6,112,562
4	(주)대우조경	3,207,321	(주)천흥조경	4,484,693
5	(주)선휴	2,261,706	트랜스코리아개발(주)	3,098,832
6	서영산업(주)	2,132,965	동림조경	2,864,962
7	고려조경(주)	2,075,545	(주)네이처조경디자인	2,720,318
8	(주)울타리조경	1,540,872	(주)부기조경	2,644,288
9	(주)미래원	1,511,823	연기군산림조합	2,337,758
10	(주)큰숲	1,393,356	대원조경(주)	1,945,997
11	한국조경기술연구소	1,328,387	예산군산림조합	1,870,469
12	가록조경(주)	1,286,830	도솔건설	1,827,856
13	거산녹화건설(주)	1,262,498	공주식물원조경(주)	1,796,467
14	(주)플러스조경	1,216,951	(유)적송조경건설	1,751,039
15	풍림조경	1,208,215	(주)전월	1,671,972
16	(주)한숲	1,078,743	(주)동신조경	1,637,569
17	태산건설조경(주)	1,019,575	보령시산림조합	1,489,724
18	(주)야원	959,318	지케이건설조경(주)	1,398,929
19	임하조경(주)	910,805	홍성군산림조합	1,257,409
20	(주)예원조경	897,328	(주)한석조경산업	1,252,979
21	(주)상록원	883,547	대원조경(주)	1,246,870
22	(유)성조조경	841,646	방림조경건설(주)	1,245,808
23	효성조경개발(주)	834,826	태안군산림조합	1,241,630
24	금풍조경(주)	834,121	삼산조경개발(주)	1,197,168
25	(주)금평조경건설	828,450	당진군산림조합	1,158,909
26	(주)장호조경	827,435	(주)목림조경건설	1,097,452
27	(주)삼성조경개발	821,457	(주)신독조경	1,083,750
28	원목조경	753,823	가야조경건설(주)	1,050,205
29	천지조경(주)	694,752	공주시산림조합	1,006,024
30	유미조경건설(주)	665,209	천안시산림조합	990,746

지역별 조경업체 상위 30위 (부산광역시, 울산광역시)

단위 : 천원

순위	부산 업체명	금액	울산 업체명	금액
1	(주)네오그린	6,339,820	(주)월성조경공사	6,502,090
2	대동녹지건설	5,747,707	송정조경(주)	5,661,369
3	목도창조(주)	4,330,644	(주)우영엘앤디	2,959,119
4	(주)태화엘앤씨	3,969,083	송림조경(주)	2,468,008
5	성지조경건설(주)	3,934,752	명덕조경(주)	2,333,001
6	(주)고일건설	2,593,832	(주)대자연조경	2,114,042
7	(주)대덕조경	2,490,111	한솔기업(주)	1,938,253
8	동아조경	2,085,414	그린이엔지(주)	1,824,839
9	(주)공간조경	2,072,751	(주)신정조경	1,517,406
10	(주)화경	2,063,253	청명조경(주)	1,473,108
11	지아이조경건설(주)	1,574,624	대원조경(주)	963,960
12	(주)원석조경	1,446,536	(주)가람조경	944,246
13	경원필드(주)	1,353,656	청림조경(주)	919,488
14	녹산건설(주)	1,346,784	흥진조경건설(주)	867,489
15	(주)대길목	1,283,859	(주)샘조경개발	867,367
16	(주)송덕조경건설	1,263,097	(유)산가조경	779,146
17	(주)이길조경	1,223,730	신세계조경개발(주)	747,166
18	동신조경(주)	1,163,840	(주)장원조경	707,532
19	(주)호텔농심	1,117,169	서현개발(주)	685,176
20	왕산조경(주)	1,107,370	(주)연정녹화연구소	646,735
21	(주)연우산업개발	997,711	애림조경(주)	631,379
22	우진조경개발(주)	934,781	우신개발(주)	618,652
23	(주)누리조경	895,772	대명개발(주)	504,998
24	센텀엘앤씨(주)	891,716	삼부원조경(주)	485,348
25	대원에코필드(주)	867,833	동흥조경산업(주)	455,925
26	청구조경(주)	864,749	(주)길용건설	404,122
27	흥우산업(주)	786,858	남국조경(주)	403,371
28	덕인조경(주)	779,913	(주)수림	382,572
29	(주)진성조경	748,218	태영산업개발(주)	363,066
30	다림조경(주)	735,918	(주)태건	353,544

지역별 조경업체 상위 30위
(광주광역시, 전라남도)

단위 : 천원

순위	광주 업체명	금액	전남 업체명	금액
1	(주)삼우건설조경	18,242,930	광양조경(주)	17,492,015
2	안산조경(주)	6,542,790	(주)팔마조경	8,785,837
3	서암조경공사(주)	6,212,989	화성산업개발(주)	3,761,048
4	(주)한성종합조경	5,081,995	(주)금호조경	3,352,706
5	푸른환경개발	4,917,147	(주)수풀조경	2,693,635
6	푸른조경(주)	4,263,623	청오건설(주)	2,322,343
7	(주)홍익녹화조경	4,240,355	(주)이에스건설	2,300,443
8	(유)테라조경	3,095,330	(주)기명종합조경	2,180,414
9	그린종합조경(주)	2,926,566	(주)녹색도시	2,085,490
10	대성종합조경	2,577,750	사계절조경(주)	1,935,142
11	(주)가든종합조경	2,502,509	성아종합조경	1,928,987
12	농업회사법인(주)상록건설조경	2,311,541	서당조경(주)	1,817,523
13	송산조경(주)	2,298,377	(주)청호조경	1,753,356
14	도시조경(주)	2,172,674	(주)삼경조경건설	1,521,321
15	(주)럭키조경	2,085,300	(주)백진조경	1,508,440
16	(주)청우	1,761,080	(주)천산건설	1,490,020
17	찬솔종합건설(주)	1,597,495	제이에스건설(주)	1,425,777
18	(주)백산조경	1,481,201	(유)아주건설	1,349,117
19	광주광역시산림조합	1,364,751	이화산업개발(주)	1,272,730
20	전일조경(주)	1,295,072	완도군산림조합	1,198,682
21	(주)케이에이	1,102,949	(주)대건드림	1,183,629
22	(주)명승	1,081,502	유원산업(주)	1,170,479
23	아름종합조경(주)	1,031,333	보성군산림조합	1,136,842
24	(주)한길종합조경	988,448	(주)덕호종합조경	1,094,835
25	우림종합조경(주)	851,016	연우조경(주)	1,039,742
26	(주)유성조경	754,147	함평군산림조합	1,027,659
27	풍창조경시설(주)	698,199	(주)나래종합조경	1,007,945
28	(주)에코플러스	683,524	(주)녹색조경	1,003,554
29	청록조경(주)	593,221	(주)그린월드	878,426
30	고구려조경(주)	570,815	장흥군산림조합	833,312

지역별 조경업체 상위 30위 (전라북도, 제주도)

단위 : 천원

순위	전북 업체명	금액	제주 업체명	금액
1	(유)에버그린월드	10,403,091	록산에버그린(주)	3,738,744
2	(유)한길조경	5,381,970	자연제주	2,625,780
3	동원녹화산업(주)	4,471,362	천지조경(주)	2,395,168
4	우성조경(유)	3,795,202	(주)다모아	2,300,531
5	(주)에덴조경건설	2,562,660	(주)태흥조경개발	2,165,051
6	(주)경원조경건설	2,513,731	제주종합조경(주)	1,608,402
7	장수군산림조합	2,019,705	(주)지원조경	1,421,507
8	(유)향림조경	1,950,955	덕영조경	1,307,349
9	(주)예원조경건설	1,668,522	한라조경	1,281,734
10	(유)헤브론건설	1,652,497	일성조경(주)	1,191,991
11	(유)송죽조경	1,396,110	토성조경(주)	1,145,240
12	(유)이교	1,395,386	건인조경	1,089,271
13	(주)그린조경	1,243,705	서귀포시산림조합	1,066,189
14	(주)천하조경건설	1,002,515	(주)예담조경	975,018
15	(유)송산조경건설	963,228	제주시산림조합	973,410
16	(유)다송조경	932,104	건화조경(주)	570,981
17	(유)해선조경	912,032	(주)더가든	567,158
18	(유)구산조경	898,519	(주)대지조경	525,508
19	(유)티앤지조경	879,613	미림개발	501,736
20	수림조경	849,847	서원조경(주)	423,316
21	(유)세음조경건설	789,920	상록수림조경	410,444
22	(유)아원산업개발	716,479	(주)오름	393,833
23	지엘(주)	715,157	천지인조경(주)	379,607
24	(유)미래조경	702,389	(주)성림개발원	342,052
25	(유)한림조경	668,182	대림조경(주)	287,253
26	순창군산림조합	652,152	(주)한라엘앤디	270,367
27	(유)고은조경	623,441	(주)영천	264,110
28	완주군산림조합	612,735	(주)칠십리	261,786
29	다우건설(주)	609,574	법윤토건(주)	257,578
30	(유)진영조경	591,110	(주)에이디디코리아	255,148

20 조경수 안전하게 거래하기

김장철이면 종종 듣게 되는 뉴스가 있다. 일 년 동안 피땀 흘려 이룩한 배추를 중간상인들이 일명 밭떼기로 거래하면서 물건만 챙기고 돈을 주지 않거나 너무 싼 가격으로 후려쳐 농가의 피해가 심하다는 뉴스다.

생산자는 상품을 좋은 가격에 많이 팔기를 원한다. 하지만 소비자와 직접 거래하기는 힘들다. 그러다 보니 중간상인들에게 의지할 수밖에 없는데, 이 점을 이용해 중간상인들이 농간을 부리는 것이다.

나무도 배추와 마찬가지로 1차 생산품이다. 따라서 중개업자들의 개입이 적극적이다. 특히 거래량이 급증할 때는 대목 효과를 누리는 많은 농가들은 있지만 그 반면에 불순한 의도로 접근하는 중개업자로 인해 피해를 입는 사람들이 늘고 있다.

매입 자금이 충분치 않으면서도 무조건 사겠다고 한 뒤 가격을 후려치는 경우가 종종 발생하고 있으며, 반대로 자금력이 충분하여 유리한 위치에 있는 일부 업체는 물품을 수령한 뒤 물품에 하자가 있다며 꼬투리를 잡아 10~20% 가격을 깎는 사례도 있다. 때문에 조경수목 거래 시에는 '수목매매 계약서'와 '사업자등록증 사본' 또는 '주민등록증 사본'을 교환하는 것을 잊지 말아야 한다.

일부 나무 직거래 사이트가 있지만 나무의 특성상 Off-Line 직거래로 거래를 하는 실정이라 거래량이 많고 활발할수록 생산자도 구매자도 서로 조심해서 거래를 해야 한다.

"60군데 거래처가 있었지만 모두 정리를 하고 현재는 6곳 정도만 엄선해서 현금거래를 하고 있습니다." 경기도 포천에서 나무농사를 하는 곽모 씨는 억대에 달하는 대금을 받지 못한 경우도 있었다.

거래처가 많으면 유리하다고 생각했다. 그만큼 판로가 많고 가격 면에서도 비교적 좋은 값에 팔 수 있다는 생각에서다. 한두 번 거래로 안면이 트면 의심 없이 거래를 했던 것이다.

그런데 총 계약금액 중 일부만 주고 나머지 잔금을 차일피일 미루는 경우가 생기기 시작했다. 곽씨는 대금이 밀려도 관행이라는 말에 더이상 재촉을 하지 않았다.

그런데 시간이 갈수록 대금이 늦어지는 거래처가 늘어났고 미수금도 점점 늘어났다. 미수금을 받기 위해서는 어쩔 수 없이 계속 거래를 해야 했다. 미수금 정산을 하지 않으면 거래를 하지 않겠다고 하면 "알겠다."고 하고는 발길을 뚝 끊었다. 미수금도 공중으로 날아간 것이다. 외상을 받기 위해 외상 거래를 한 것이다. 쉽게 말해 '앞으로 남고 뒤로 까지는' 전형적인 기업의 손실 구조를 가지게 된 것이다.

하는 수 없이 돈을 떼이더라도 악성 거래처를 정리하기로 했다. 한동안 손실금을 충당하기 위해 무척 힘이 들었지만 우량 거래처 덕분에 지금은 회복된 상태다.

"무엇보다 신용이 있는 업자들과 거래를 해야 한다"고 곽씨는 충고한다. 비싼 수업료를 내고 배운 것이니 꼭 기억하라고 한다.

나무는 대량으로 거래되는 일이 종종 있다. 큰 계약 건의 경우 더욱 거래에 주의를 해야 한다. 만약 대금 지급이 늦어지게 되면 자칫 부도로 이어지는 경우가 있기 때문이다. 그동안 노력이 물거품이 될 수 있으니 조심해야 한다.

나무 거래 시 피해사례 유형
(다음과 같은 구매자를 조심해야 한다)

인터넷 커뮤니티 사이트에서는 조심해야 할 나무유통업자에 대한 정보도 파악할 수 있다

첫째, 수목의 시세가 많이 떨어졌다고 말도 안 되는 현금으로 밭떼기 구매를 하는 경우다. 이때 자금난에 시달리는 영세한 농가는 현금확보를 위해 어쩔 수 없이 헐값에 판매하는 경우도 있다.

둘째, 선금을 조금만 지불을 하고 물량을 전량 전달받고는 사라지는 경우도 있다. 거래를 할 경우 신원 확인은 물론 회사 상호, 전화번호 등을 확인해야 한다. 첫 거래 과정에서 핸드폰으로만 서로 연락을 해서는 안 된다. 유선전화를 통해 사무실 유무 여부를 판단하는 것도 좋은 방법이다.

셋째, 한 동네에 와서는 여러 군데 농가에서 살 것 같이 말해놓고 작업 지시를 내린 후 가장 저렴한 한 곳만 거래하고 나머지 농가와는 연락을 끊는 경우도 종종 발생한다.

넷째, 대량으로 조경수목을 현장에 받아 놓고 수목 상태를 꼬투리 잡아서 나무 가격을 후려지는 경우도 있다. 이런 상황이 발생하지 않게 하기 위해서는 구매자가 직접 현장에 와서 구매할 나무들에 끈을 묶어서 표시를 하는 방법(끈으로 표시된 나무들만 보내면 되기 때문에)도 논란이 없도록 하는 방법이다.

나무 농사하는 사람들은 전국의 유통망 동향을 면밀하게 살펴야 하고 신용도 높은 유통업자와의 거래를 돈독히 해야 한다는 점을 유념해야 한다.

 **조경수목 거래 시 필요한 서류**

1. 수목 매매 계약서
2. 사업자등록증 사본 또는 주민등록증 사본
  * 각 사본이 없을시 핸드폰 카메라로 계약자 주민등록증 촬영

수목 매매 계약서는 당시 상황에 맞는 구체적인 계약서를 작성하고 첨부서류는 기업체에게 사업자등록증 사본을, 개인에게는 주민등록증 사본을 첨부하면 되는데 만약 각 사본이 준비되지 않으면 주민등록증을 핸드폰의 카메라로 찍어두면 된다.
안전하고 신뢰 있는 거래를 위해서 계약서와 각 서류를 나누는 것은 번거로운 것이 아니고 서로를 위한 배려로 생각을 해야 한다.
조경수 매매를 하면서 많은 분들이 계약서 교환에 대한 인식이 부족하고 그로 인하여 피해 사례가 늘어나고 있는 만큼 매사에 신중해야 한다.

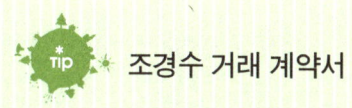 

조경수 거래 계약서

매수인 (주) ○○○○○ (이하 "갑")과 매도인 ○○○ (이하 "을")은 수목을 납품함에 있어 다음과 같이 쌍방 합의하여 계약한다.

1. 계약명	○○○ 현장 소나무 납품건						
2. 수목소재지	○○○도 ○○○시 ○○○리 ○○○번지						
3. 계약내역	2012. ○. ○. ~ 2012. ○. ○.						
4. 계약금액	일금 ○○○○○○○ 원정 (₩ ○○○,○○○,○○○)						
5. 계약내역	품명	규격	수량	단가(원)	금액(원)	비고	
	합 계						
6. 결제조건	계약금	일금 ○○○○○○ 원정 (₩ ○○○,○○○,○○○) – 상차후 지급					
	중도금						
	잔 금	일금 ○○○○○○ 원정 (₩ ○○○,○○○,○○○) – 4월 30일 지급					

7. 계약조건

　1) 단가기준은 현장(도착도) 기준으로 한다.
　2) 모든 인허가 및 민·형사상의 책임은 "을"이 책임진다.
　3) "갑"이 검목한 수목은 어떠한 경우라도 제 3자에게 판매할 수 없다.
　4) 검목한 수목이 굴취하여 상차 작업 시 불량품으로 판정되면 계약수량에서 감산한다.
　5) 수목의 굴취 및 상차 시 "갑"은 "을"에게 품질유지를 위해 기술지도 및 감독한다.
　6) 계약수량은 현장 여건에 따라 상호협력하여 5% 내에서 증감할 수 있다.
　7) 계약위반 시 계약금을 포함한 투입금액의 3배를 위반자가 변상한다.
　8) 허가서류 일체를 계약시 첨부하여 제출한다.
　9) 계약보증인은 "을"과 연대하여 계약조건을 책임진다.
　10) "을"의 귀책사유로 상차가 불가하여 회차된 운반차량에 대한 보상은 "을"이 책임진다
　11) 수목 반출에 따른 운발로 조성 및 민원발생은 "을"이 책임진다.
　12) 사업자등록증 사본 또는 주민증록증 사본을 계약서에 첨부한다.

8. 특약사항

　　　　　　　　　　　　　　　　　　　　　　　　　　　2012년　　　월　　　일

매수인 "갑"　　　　　　　　　　　　　　매도인 "을"
주 소 :　　　　　　　　　　　　　　　　주 소 :
사업자번호(주민번호) :　　　　　　　　　사업자번호(주민번호) :
상 호 :　　　　　　　　　　　　　　　　상 호 :
성 명 :　　　　　　　　　　　　　　　　성 명 :

부록

여기에 사용된 수익률 분석은 독자 여러분이 실제 나무농장을 조성할 때
투자에 참고 자료로써 최대한 객관적으로 분석한
시뮬레이션 결과임을 알려 드립니다.

1,000평 농장 수익률 분석
5,000평 농장 수익률 분석
10,000평 농장 수익률 분석

1,000평 농장의 수익률 분석표

■ **총투자비용(예정)**

10명 × 5,000,000원 = 50,000,000원

■ **구입할 나무**

- 느티나무 / 왕벚나무 등 낙엽수는 평당 1.1주 (1.9m 간격)
- 선주목평당 1.4주 (1.5m 간격)
- 둥근소나무평당 3.3주 (60cm 간격)
- 회양목, 철쭉평당 147조 (20cm 간격, 1조 = 씨앗 3개)

1년차

구분	규격	수량	단가(원)	금액(원)	비고
땅임차료		1,000평	1,000	1,000,000	1년
부지경작		1,000평	600	600,000	
느티나무자재비	H2.0	165주	1,800	297,000	150평
묘목식재비(1)	교목	2명	90,000	180,000	
제초관리비	1년 2번 이상	8명	80,000	640,000	1인 250평 기준
거름자재비 (교목)	포/40주,1번	25포	2,500	62,500	농가지원비료시 1,600원정도
거름자재비 (관목)	평/1포,1번	100포	2,500	250,000	
거름인건비		4명	80,000	320,000	
기타경비		1식	500,000	500,000	자재, 소모품, 일반관리비 등
계				3,849,500	

2년차

구분	규격	수량	단가(원)	금액(원)	비고
땅임차료		1,000평	1,000	1,000,000	1년
주목자재비	H1.0~	100주	22,000	2,200,000	150평
둥근소나무	접2년정도	495주	3,500	1,732,500	150평
철쭉자재비	삽목1년	1,650주	150	247,500	200평

 **1,000평 농장의 수익률 분석표**

왕벚나무자재비	접1년특수	150주	2,500	375,000	150평
묘목식재비(1)	교목	4명	90,000	360,000	
묘목식재비(2)	관목	8명	60,000	480,000	
제초관리비	일년3번이상	8명	80,000	640,000	1인 200평 기준
거름자재비 (교목)	포/30주,2번	8포	2,500	25,000	10,350주
거름자재비 (관목)	평/1포,1번	40포	2,500	100,000	농가지원비료시 1,600원 정도
거름인건비		4명	80,000	320,000	
관리인건비		8명	130,000	1,040,000	2명 × 4회
계				8,515,000	
3년차					
땅임차료		1,000평	1,000	1,000,000	1년
회양목자재비	실생1년	1,650주	120	198,000	40원 × 3주 = 1조
묘목식재비(2)	관목	4명	60,000	240,000	
제초관리비	일년3번이상	8명	80,000	640,000	1인 200평 기준
거름자재비 (교목)	포/20주,2번	8포	2,500	20,000	1,000주
거름자재비 (관목)	평/1포,1번	40포	2,500	100,000	농가지원비료시 1,600원 정도
거름인건비		4명	80,000	320,000	
관리인건비		8명	130,000	1,040,000	2명 × 4회
계				3,558,000	
4년차					
땅임차료		1,000평	1,000	1,000,000	1년
제초관리비	일년3번이상	8명	80,000	640,000	1인 200평 기준
거름자재비 (교목)	포/10주,2번	8포	2,500	20,000	1,000주

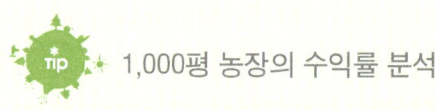 

1,000평 농장의 수익률 분석표

4년차					
구분	규격	수량	단가(원)	금액(원)	비고
거름자재비 (관목)	평/1포,1번	40포	2,500	100,000	농가지원비료시 1,600원 정도
거름인건비		4명	80,000	320,000	
관리인건비		8명	130,000	1,040,000	2명 × 4회
계				3,120,000	
5년차~					
땅임차료		1,000평	1,000	1,000,000	1년
제초관리비	일년3번이상	8명	80,000	640,000	1인 200평 기준
거름자재비 (교목)	포/5주,2번	8포	2,500	20,000	1,000주
거름자재비 (관목)	평/1포,1번	40포	2,500	100,000	농가지원비료시 1,600원 정도
거름인건비		4명	80,000	320,000	
관리인건비		8명	130,000	1,040,000	2명 × 4회
계				3,120,000	

- 총투자 실금액(원)

1년	3,849,500	
2년	8,150,000	
3년	3,558,000	
4년	3,120,000	
5~7년	9,360,000	3,120,000 × 3년
8년차	15,000,000	판매유예기간
계	43,402,500	

1,000평 농장의 수익률 분석표

구분	현유통가격(조달청가격 87%)				
	규격	수량(주)	단가(원)	금액(원)	비고
주목	H2.0×W1.0	45	250,000	11,250,000	4년차
주목	H2.5×W1.5	45	670,000	30,150,000	7년차
느티	R15	149	430,000	64,070,000	7년차
왕벚	B10	68	220,000	14,960,000	6년차
왕벚	B12	68	340,000	23,120,000	7년차~8년
둥근소나무	H1.2~	223	335,000	74,705,000	4년차
둥근소나무	H1.5×W1.2	223	460,000	102,580,000	5년차
철쭉	H0.3×W0.3	4,455	1,400	6,237,000	2~3년차	3번 회전
회양목	H0.3×W0.3	4,455	2,800	12,474,000	2~3년차	3번 회전

■ 수종별 수익 계산(각각 원수량에서 고사율 10% 적용, 작업비 공제)

품명	규격	수량(주)	판매가(원)	금액(원)	비고
주목(5년차)	H2.0×W1.0	45	250,000	11,250,000	5년차 및 7년차서 반씩 판매
주목(7년차)	H2.5×W1.5	45	670,000	30,150,000	
판매계				41,400,000	
느티나무 (7년차)	R15	149	430,000	63,855,000	
판매계				63,855,000	
왕벚나무 (6년차)	B10	68	220,000	14,850,000	6년차 및 7년차서 반씩 판매
왕벚나무 (8년차)	B12	68	340,000	22,950,000	
판매계				37,800,000	

 **1,000평 농장의 수익률 분석표**

둥근소나무	H1.2	223	335,000	74,621,250	4년차 및 5.5년 차 반씩 판매
둥근소나무	H1.5	223	460,000	102,465,000	
판매계				177,086,250	
철쭉	H0.3×W0.3	4,455	1,400	6,237,000	3번 회전 (7년간)
회양목	H0.3×W0.3	4,455	2,800	12,474,000	3번 회전 (7년간)
판매계				18,711,000	
총계				338,852,250	

- 총 투자 금액 : 43,402,500원
- 총 판매 금액 : 338,852,250원
- 총 수익 : 295,449,750원(수익율 781%)
- 총 연간 수익 : 36,931,219원

- 개인 투자 금액(8년) : 4,340,250원
- 개인 판매 금액 : 33,885,225원
- 개인 수익 : 39,544,975원(수익율 781%)
- 개인 연간 수익 : 3,693,121원

 **5,000평 농장의 수익률 분석표**

- **총투자비용(예정)**
  10명 × 25,000,000원 = 250,000,000원

- **구입할 나무**
  - 느티나무 / 왕벚나무 등 낙엽수는 평당1.1주(1.9m 간격)
  - 선주목평당 1.4주(1.5m 간격)
  - 둥근소나무평당 3.3주(60cm 간격)
  - 회양목, 철쭉평당 147조(20cm 간격, 1조 = 씨앗 3개)

1년차					
구분	규격	수량	단가(원)	금액(원)	비고
땅임차료		1,000평	1,000	1,000,000	1년
부지경작		1,000평	600	600,000	
느티나무자재비	H2.0	825주	1,800	1,485,000	750평
묘목식재비(1)	교목	3명	90,000	270,000	
제초관리비	1년 2번 이상	40명	80,000	3,200,000	1인 250평 기준
거름자재비 (교목)	포/40주,1번	180포	2,500	450,000	농가지원비료시 1,600원정도
거름자재비 (관목)	평/1포,1번	500포	2,500	1,250,000	
거름인건비		8명	80,000	640,000	
기타경비		1식	1,500,000	1,500,000	자재, 소모품, 일반관리비 등
계				10,395,000	
2년차					
땅임차료		4,000평	1,000	4,000,000	1년
부지경작		4,000평	600	2,400,000	
주목자재비	H1.0~	1,000주	22,000	22,000,000	1000평
둥근소나무	접2년정도	2,500주	3,500	8,750,000	1000평
철쭉자재비	삽목1년	82,500주	150	12,375,000	1000평

 **5,000평 농장의 수익률 분석표**

왕벚나무자재비	접1년특수	800주	2,500	2,000,000	1000평
묘목식재비(1)	교목	13명	90,000	1,170,000	
묘목식재비(2)	관목	90명	60,000	5,400,000	
제초관리비	일년3번이상	75명	80,000	6,000,000	1인 200평 기준
거름자재비(교목)	포/30주,2번	350포	2,500	875,000	10,350주
거름자재비(관목)	평/1포,1번	2,000포	2,500	5,000,000	농가지원비료시 1,600원 정도
거름인건비		30명	80,000	2,400,000	
관리인건비		20명	130,000	2,600,000	5명 × 4회
계				74,970,000	
3년차					
땅임차료		5,000평	1,000	5,000,000	1년
회양목자재비	실생1년	82,500주	120	9,900,000	40원 × 3주 = 1조
묘목식재비(2)	관목	90명	60,000	5,400,000	
제초관리비	일년3번이상	75명	80,000	6,000,000	1인 200평 기준
거름자재비(교목)	포/20주,2번	520포	2,500	1,300,000	
거름자재비(관목)	평/1포,1번	2,000포	2,500	5,000,000	농가지원비료시 1,600원 정도
거름인건비		16명	80,000	1,280,000	
관리인건비		30명	130,000	3,900,000	5명 × 6회
계				37,780,000	
4년차					
땅임차료		5,000평	1,000	5,000,000	1년
제초관리비	일년3번이상	75명	80,000	6,000,000	1인 200평 기준
거름자재비(교목)	포/10주,2번	1,000포	2,500	2,500,000	

5,000평 농장의 수익률 분석표

4년차

구분	규격	수량	단가(원)	금액(원)	비고
거름자재비 (관목)	평/1포,1번	2,000포	2,500	5,000,000	농가지원비료시 1,600원 정도
거름인건비		16명	80,000	1,280,000	
관리인건비		30명	130,000	3,900,000	5명 × 6회
계				23,680,000	

5년차~

구분	규격	수량	단가(원)	금액(원)	비고
땅임차료		5,000평	1,000	5,000,000	1년
제초관리비	일년3번이상	75명	80,000	6,000,000	1인 200평 기준
거름자재비 (교목)	포/5주,2번	1,000포	2,500	2,500,000	
거름자재비 (관목)	평/1포,1번	2,000포	2,500	5,000,000	농가지원비료시 1,600원 정도
거름인건비		16명	80,000	1,280,000	
관리인건비		30명	130,000	3,900,000	5명 × 6회
계				23,680,000	

■ 총투자 실금액(원)

1년	10,395,000	
2년	74,970,000	
3년	37,780,000	
4년	23,680,000	
5~7년	71,040,000	23,680,000 × 3년
8년차	15,000,000	판매유예기간
계	232,865,000	

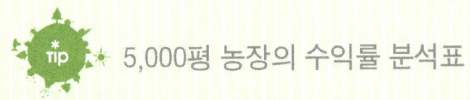 

5,000평 농장의 수익률 분석표

구분	규격	수량(주)	단가(원)	금액(원)	비고	
			현유통가격(조달청가격 87%)			
주목	H2.0×W1.0	450	250,000	112,500,000	4년차	
주목	H2.5×W1.5	450	670,000	301,500,000	7년차	
느티	R15	743	430,000	319,490,000	7년차	
왕벚	B10	360	220,000	79,200,000	6년차	
왕벚	B12	360	340,000	122,400,000	7년차~8년	
둥근소나무	H1.2~	1,125	335,000	376,875,000	4년차	
둥근소나무	H1.5×W1.2	1,125	460,000	517,500,000	5년차	
철쭉	H0.3×W0.3	222,750	1,400	311,850,000	2~3년차	3번 회전
회양목	H0.3×W0.3	222,750	2,800	623,700,000	2~3년차	3번 회전

■ 수종별 수익 계산(각각 원수량에서 고사율 10% 적용, 작업비 공제)

품명	규격	수량(주)	판매가(원)	금액(원)	비고
주목(5년차)	H2.0×W1.0	450	250,000	112,500,000	5년차 및 7년차서 반씩 판매
주목(7년차)	H2.5×W1.5	450	670,000	301,500,000	
판매계				414,000,000	
느티나무 (7년차)	R15	743	430,000	319,275,000	
판매계				319,275,000	
왕벚나무 (6년차)	B10	360	220,000	79,200,000	6년차 및 7년차서 반씩 판매
왕벚나무 (8년차)	B12	360	340,000	122,400,000	
판매계				201,600,000	

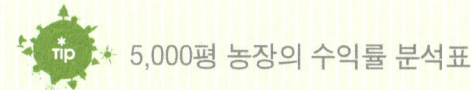 

5,000평 농장의 수익률 분석표

둥근소나무	H1.2	1125	335,000	376,875,000	4년차 및 5.5년 차 반씩 판매
둥근소나무	H1.5	1125	460,000	517,500,000	
판매계				894,375,000	
철쭉	H0.3×W0.3	222,750	1,400	311,850,000	110,000 × 0.7 × 3번 회전 (7년간)
회양목	H0.3×W0.3	222,750	2,800	623,700,000	110,000 × 0.7 × 3번 회전 (7년간)
판매계				935,550,000	
총계				2,764,800,000	

- 총 투자 금액 : 232,865,000원
- 총 판매 금액 : 2,764,800,000원
- 총 수익 : 2,531,935,000원(수익율 1187%)
- 총 연간 수익 : 316,491,875원

- 개인 투자 금액(8년) : 23,286,500원
- 개인 판매 금액 : 276,480,000원
- 개인 수익 : 253,193,500원(수익율 1187%)
- 개인 연간 수익 : 31,649,187원

 **10,000평 농장의 수익률 분석표**

- **총투자비용(예정)**
  10명×50,000,000원 = 500,000,000원

- **구입할 나무**
  - 느티나무 / 왕벚나무 등 낙엽수는 평당1.1주(1.9m 간격)
  - 선주목평당 1.4주(1.5m 간격)
  - 둥근소나무평당 3.3주(60cm 간격)
  - 회양목, 철쭉평당 147조(20cm 간격, 1조 = 씨앗 3개)

1년차					
구분	규격	수량	단가(원)	금액(원)	비고
땅임차료		1,000평	1,000	1,000,000	1년
부지경작		1,000평	600	600,000	
느티나무자재비	H2.0	1,650주	1,800	2,970,000	1,500평
묘목식재비(1)	교목	6명	90,000	540,000	
제초관리비	1년 2번 이상	80명	80,000	6,400,000	1인 250평 기준
거름자재비 (교목)	포/40주,1번	260포	2,500	650,000	농가지원비료시 1,600원정도
거름자재비 (관목)	평/1포,1번	1000포	2,500	2,500,000	
거름인건비		16명	80,000	1,260,000	
기타경비		1식	3,000,000	3,000,000	자재, 소모품, 일반관리비 등
계				18,920,000	
2년차					
땅임차료		7,000평	1,000	7,000,000	1년
부지경작		7,000평	600	4,200,000	
주목자재비	H1.0~	2,100주	22,000	46,200,000	1500평
둥근소나무	접2년정도	4,950주	3,500	17,325,000	1500평
철쭉자재비	삽목1년	165,000주	150	24,750,000	2000평

 **10,000평 농장의 수익률 분석표**

왕벚나무자재비	접1년특수	1,650주	2,500	4,125,000	1500평
묘목식재비(1)	교목	26명	90,000	2,340,000	
묘목식재비(2)	관목	180명	60,000	10,800,000	
제초관리비	일년3번이상	150명	80,000	12,000,000	1인 200평 기준
거름자재비 (교목)	포/30주,2번	690포	2,500	1,725,000	10,350주
거름자재비 (관목)	평/1포,1번	4,000포	2,500	10,000,000	농가지원비료시 1,600원 정도
거름인건비		59명	80,000	4,690,000	
관리인건비		40명	130,000	5,200,000	10명 × 4회
계				150,355,000	
3년차					
땅임차료		10,000평	1,000	10,000,000	1년
회양목자재비	실생1년	165,000주	120	19,800,000	40원 × 3주 = 1조
묘목식재비(2)	관목	180명	60,000	10,800,000	
제초관리비	일년3번이상	150명	80,000	12,000,000	1인 200평 기준
거름자재비 (교목)	포/20주,2번	1,035포	2,500	2,587,500	10,350주
거름자재비 (관목)	평/1포,1번	4,000포	2,500	10,000,000	농가지원비료시 1,600원 정도
거름인건비		63명	80,000	5,035,000	
관리인건비		60명	130,000	7,800,000	10명 × 6회
계				78,022,500	
4년차					
땅임차료		10,000평	1,000	10,000,000	1년
제초관리비	일년3번이상	150명	80,000	12,000,000	1인 200평 기준
거름자재비 (교목)	포/10주,2번	2,070포	2,500	5,175,000	10,350주

 **10,000평 농장의 수익률 분석표**

4년차					
구분	규격	수량	단가(원)	금액(원)	비고
거름자재비 (관목)	평/1포,1번	4,000포	2,500	10,000,000	농가지원비료시 1,600원 정도
거름인건비		76명	80,000	6,070,000	
관리인건비		60명	130,000	7,800,000	10명 × 6회
계				56,645,000	
5년차~					
땅임차료		10,000평	1,000	10,000,000	1년
제초관리비	일년3번이상	150명	80,000	12,000,000	1인 200평 기준
거름자재비 (교목)	포/5주,2번	4,140포	2,500	10,350,000	10,350주
거름자재비 (관목)	평/1포,1번	4,000포	2,500	10,000,000	농가지원비료시 1,600원 정도
거름인건비		102명	80,000	8,140,000	
관리인건비		60명	130,000	7,800,000	10명 × 6회
계				58,290,000	

- **총투자 실금액(원)**

1년	18,920,000	
2년	150,355,000	
3년	78,022,500	
4년	51,045,000	
5~7년	174,870,000	58,290,000 × 3년
8년차	15,000,000	판매유예기간
계	488,212,500	

10,000평 농장의 수익률 분석표

구분	현유통가격(조달청가격 87%)				
	규격	수량(주)	단가(원)	금액(원)	비고
주목	H2.0×W1.0	2,100	250,000	525,000,000	4년차
주목	H2.5×W1.5	2,100	670,000	1,407,000,000	7년차
느티	R15	1,650	430,000	709,500,000	7년차
왕벚	B10	1,650	220,000	363,000,000	6년차
왕벚	B12	1,650	340,000	561,000,000	7년차~8년
둥근소나무	H1.2~	4,950	335,000	1,658,250,000	4년차
둥근소나무	H1.5×W1.2	4,950	460,000	2,277,000,000	5년차
철쭉	H0.3×W0.3	165,000	1,400	231,000,000	2~3년차	3번 회전
회양목	H0.3×W0.3	165,000	2,800	462,250,000	2~3년차	3번 회전

■ 수종별 수익 계산(각각 원수량에서 고사율 10% 적용, 작업비 공제)

품명	규격	수량(주)	판매가(원)	금액(원)	비고
주목(5년차)	H2.0×W1.0	945	250,000	236,250,000	5년차 및 7년차서 반씩 판매
주목(7년차)	H2.5×W1.5	945	670,000	633,150,000	
판매계				869,400,000	
느티나무 (7년차)	R15	1485	430,000	638,550,000	
판매계				638,550,000	
왕벚나무 (6년차)	B10	743	220,000	163,350,000	6년차 및 7년차서 반씩 판매
왕벚나무 (8년차)	B12	743	340,000	252,450,000	
판매계				415,800,000	

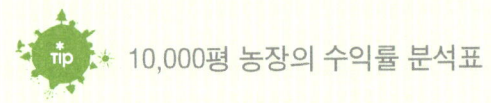 

10,000평 농장의 수익률 분석표

둥근소나무	H1.2	2228	335,000	746,212,500	4년차 및 5.5년 차 반씩 판매
둥근소나무	H1.5	2228	460,000	1,024,650,000	
판매계				1,770,862,500	
철쭉	H0.3×W0.3	445,500	1,400	623,700,000	110,000×0.7 ×3번 회전 (7년간)
회양목	H0.3×W0.3	445,500	2,800	1,247,400,000	110,000×0.7 ×3번 회전 (7년간)
판매계				1,871,100,000	
총계				5,565,712,500	

- 총 투자 금액 : 488,212,500원
- 총 판매 금액 : 5,565,712,500원
- 총 수익 : 5,077,500,000원(수익율 1140%)
- 총 연간 수익 : 634,687,500원

- 개인 투자 금액(8년) : 48,821,250원
- 개인 판매 금액 : 556,571,250원
- 개인 수익 : 507,750,000원(수익율 1140%)
- 개인 연간 수익 : 63,468,750원